汉字中的谋略之美

王元鹿 主编
袁香琴 著

文匯出版社

序

王元鹿

有一件美好的东西，日日与您为伴，日日为您服务，您却常常忽视了它的美——内在的美与外在的美，这就是汉字。

汉字是我们伟大祖国的宝贵遗产之一。如果说到汉字的特点与特色，一言以蔽之，就是美。汉字的“美”包含了使汉字得以产生与发展的客观环境的美——有物质的美、精神的美、逻辑的美，还有大自然的美。汉字的“美”也反映在汉字自身的构成与形态上。造字方法的精巧，文字姿态的曼妙，都令人赞叹不已。

汉字的“美”有其历史过程。如以甲骨文的产生为起点，汉字至少已有三千多年的历史。何况甲骨文其实还不能算是汉字的最早形态。然而，即便在甲骨文与早期金文中，我们已经可以领略其古朴与端庄，还可以理解通过其字形背后的古代社会的历史、文化与生活现象，乃至我们祖先的造字的智慧——这一切，都是美不胜收的。

今天我们使用的现代汉字，已经是几经变化的形体，多少已失去了它们的早期风貌，也不易推断出祖先造字的依据。学者们的不懈努力，使我们逐步深入了解了古代汉字的来龙去脉，并进而通过古代文字的研究去搜寻我们祖先的生活状况及他们的精神风貌。可以说，从汉字看历史，又从历史来追溯汉字的渊源，既是一个科学研究的过程，又是一个欣赏文字美的过程。

必须说明的是，这套书是在参考古今许多文字学及相关学科专家研究成果的基础上写出的。限于丛书的体例，行文中引用或述及文字学专家或其他领域专家的观点与成果，一般不专门写出或注出他们的名字及这些著作的名称。在此，向这些专家致以衷心的谢忱。

美是需要去发现的。由于我们见惯并用惯了汉字，才使我们习以为常地不去注意其内部蕴藏着的美。这套丛书，就是鉴于此种情形策划设计的。从文字与文字相关的角度——语言、历史、文化、考古、文学等多个方面，全方位地挖掘并向读者展示汉字的美，是本丛书作者的美好愿望。如果读者随着我们的笔，在弄清一个个古文字的同时，进一步了解它们折射出来的中国古代社会历史与文化的方方面面，以及我们的祖先的思维特点与心路历程，这将是何等快意的事！

2012年7月写于华东师范大学中国文字研究与应用中心

目录

肆

混战计

伍

并战计

陆

败战计

【胜战计】

【第01计 瞒天过海——“瞒”】

中华民族自古以来就是礼仪之邦，“瞒”和“骗”有失大雅，固然会招来非议。但在特殊的不得已的情况下，只能逃避和隐藏现实，选择“瞒”。这不是失信和怯弱的表现，而是一条缓兵之计，若运用得恰到好处，必能转危为安，化险为夷。若不瞒，何以“瞒天过海”？ 18世纪上半叶法国的启蒙思想家孟德斯鸠曾经说过：“中国人生活完全以礼为指南，但他们却是全球最会骗人的民族。”现在我们换个角度看，这也可以当作是对我们的赞美之词了。鲁迅先生也无须大发雷霆，说：“中国人向来因为不敢正视人生，只好瞒和骗。”

“瞒”，即“隐藏实情”，这个行为是经过心理斗争和深思熟虑之后做出的选择。该字是个形声字，从目，从造字理据来看，“隐藏实情”与“目”没有直接关系。由此可见，瞒的本义并非“隐藏实情”。

“瞒”字出现得比较晚，从现存的文献来看，在甲骨文、金文中都未见。该字的小篆字形作“瞞”。《说文解字·目部》释“瞒”的繁体“瞞”为“平目也。从目㒼声”。徐锴系传：“瞒，目睑低也。”“目睑”，我们俗称为眼皮，“目睑”低也就是指眼皮低。朱骏声《说文通训定声》：“《字林》：瞒，目眥平貌。”“眥”是眼眶的意思。由此可见，“瞒”的本义是眼皮低、眼睛小的意思。《荀子·非十二子》有载：“酒食声色之中，则瞒瞒然。”杨倞注：“瞒瞒，闭目之貌。”这里的“瞒”用的就是本义，形容人在酒食之后，眼皮耷拉下来，似闭目之貌。又《广韵·桓韵》中言：“瞒，目不明也。”这是“瞒”的本义之引申，如清代李梴的《医学入门·外因风热湿痰》：“暴寒则目瞒不明，皆热所为也。”

“瞒”的常用义“欺骗、隐藏”是其后起之义。《正字通·目部》：“瞒，俗以匿情相欺为瞒。”清代段玉裁《说文解字注·目部》：“瞒，今俗借为欺谩字。”如《逸周书·宝典》中：“浅薄间瞒，其谋乃获。”又元代王实甫《西厢记》第三本第二折：“几曾见寄书的颠倒瞒着鱼雁，小则小心肠儿转关。”

“瞒”从本义“平目”发展到常用义“欺骗、隐藏”是有一定的原因的。我们常说，眼睛是心灵的窗户。从一个人的眼神中就可以判断他是在说真话还是假话，若没有经过专门的训练，就很难以假乱真。正如尼采说言：“日常生活中的人绝大多数都说真话，因为这样比较方便，因为谎言要求能编造，能装模作样，并有好的记忆力。”眼睛是骗不了人的，所以，隐藏实情的人往往就是那种闭着眼睛说瞎话的人。由此可见，“欺骗，隐藏实情”之义用本义为“平目”的“瞒”字来记录，并不是简单的借用，“瞒”的常用义实际上是其本义的引申义。

我国历史上有个人物，他几乎聚集了“瞒”的所有特征，将“瞒”体现得淋漓尽致。他就是生活在汉魏时期人称“治世之能臣，乱世之奸雄”的曹操。曹操小字为“阿瞒”“曹瞒”，最早见于裴松之注《三国志·魏志·武帝纪》一书所引的《曹瞒传》，曰：“太祖一名吉利，小字阿瞒。”从中国人的取名习惯来

曹操像
引自《卑鄙的圣人：曹操》首页
王晓磊 著 江苏文艺出版社
2012年2月

看，曹操小字的得名估计与他小时候的相貌有关。据《三国志通俗演义》中对曹操外貌的描写："为首闪出一个好英雄，身长七尺，细眼长髯。""细眼"就是指眼睛很小，与"瞒"的本义相当。

古往今来对曹操的评价都是褒贬不一。他虽胆识过人，机智聪慧，"临危制变，料敌设奇，一将之智有余，万乘之才不足"，但在历史上做过许多诸如害祢衡、杀孔融、忌杨修、败赤壁、贼杀母后、幽迫主上等"宁教我负天下人，休教天下人负我"的恶事。无巧不成书，这一性格形象与"瞒"的引申义"欺骗、隐藏"不谋而合，从而使眼睛小的曹瞒成了名副其实的不仅眼睛小，而且善欺诈的曹瞒。若曹操能使"瞒"之计于正道，也不至于成为一世英名与臭名并存的"拼盘人物"了。

合理利用"瞒"之计的，我们不得不提到唐代贞观年间的大臣薛仁贵，他的"瞒天过海"流传至今，并成为三十六计中的第一计。"瞒天过海"中的"瞒"是"隐瞒"的意思，"天"是"天子"即皇帝，原意是指瞒着天子，让他在不知不觉中渡过大海。此典出自《永乐大典 · 薛仁贵征辽事略》，说的是唐贞观十七年，唐太宗率30万大军出征高丽。大军行至海边，太宗见破浪滔天，畏惧万分。此时，薛仁贵见状，心生一计，请君臣进入一座彩色营帐，帐内歌

"瞒天过海"
引自《孙子兵法与三十六计 彩色图解》第156页 思履 主编 中国华侨出版社 2012年8月

舞升平，觥筹交错。正当大家酒酣之机，只听帐外涛声如雷，狂风呼啸。唐太宗拉开帷幕一看，才发现原来营帐竟是在一艘海船上，自己与30万大军已经出海了。这是薛仁贵怕皇帝动摇军心，情急之下想出来的伪装手段，他暗中行动，达到了出奇制胜的目的。

在古今中外战争史上，施展瞒天过海之计的事例不胜枚举。如秦始皇少子胡亥与赵高、李斯篡改圣旨，颁假诏书，成功篡位；越王勾践卧薪尝胆，灭掉吴国，报仇雪耻；曹操讨伐张绣，途中谎称前方有止渴的梅林，最终领兵出荒原等等。"瞒"的关键在于利用人们的习惯定势和心理惯性，制造令人坚信不疑的假象，从而隐藏自己的真实目的，达到"攻其不备，出其不意"的效果。

在现代生活中，销售人员在推销商品时就常常用伪装或隐蔽的手法，运用"瞒天过海"之计制造某种假象，诱惑顾客主动进入他们设置好的圈套，从而达到推销商品的目的。举个例子，日本有一家专门生产尿不湿的公司，开业之初，公司花费了大量金钱和精力去宣传该产品的优势，但问津者仍寥寥无几。于是，公司经理便想出了一个鬼点子，让自己的员工伪装成顾客在门市部前排成长队，从而造成一种抢购商品的气氛。这种架势诱发了广大顾客的好奇心，于是也跑上去凑热闹问个究竟。就这样，购买者就越来越多，随着产品的不断销售和使用，人们认识到了该尿不湿的优越性，销路就自然而然地打开了。现在有些摊贩为了兜售劣质产品，也经常让几个同伙扮成顾客，大肆夸奖这个产品效果怎么怎么好，并假装抢购，而上当的绝大多数都是中老年人。以这种方式推销假冒伪劣产品是违反商业道德的，需要相关部门来干预制止，同时我们也呼吁社会有更多的像方舟子一样的打假斗士。

我们在面对骗子的“瞒天过海”之计时，需要提高警惕，及时发现对方的可疑之处，退而远之或提醒其他人不要受骗，不让对方有机可乘，继续用假象或假话忽悠我们。如果发现对方已经“渡海”成功，我们应及时报警，将骗子们绳之以法。

【第02计　围魏救赵——“围”】

最近我的小外甥丁弈博小朋友报了一个围棋兴趣班，每天回来都颇有兴致地向我挑战。我对围棋一窍不通，只能向他请教最基本的问题，什么叫围棋？怎么样才算赢？他说就是双方用黑白子对着，以围困对方，吃子多少定胜负。听起来似乎简单，其中却大有文章。围棋起源于中国，古时称为“弈”。我开玩笑对丁弈博小朋友说：“围棋也叫‘弈’，如果你不好好学围棋，也太对不起你的名字了。”

围棋距今有4 000多年的历史，相传是尧发明的。先秦典籍《世本》载：“尧造围棋，丹朱善之。”晋代张华继承了这种观点，他在《博物志》中说：“尧造围棋，以教子丹朱。或云：舜以子商均愚，故作围棋以教之。”1964年版的《大英百科全书》中也采纳了此种说法。

围棋中的“围”字，早在甲骨文中就有记载，作（《甲骨文合集30439 何

围棋
引自《速成围棋 有段者篇（中）》封底页 黄焰（韩）金成来 著 青岛出版社 2011年1月

组》）、（《甲骨文合集28398 无名组》），上面的部件为两个“止”，下面的部件为城邑，合起来象人围攻或围守城池之形。“围”的甲骨文字形也有作、的，如卜辞中有：“乙丑卜，勿只，羌。”（《铁云藏龟 三一·三》）又如卜辞：“贞我弗其只舌（方）。”（《铁云藏龟一〇三·二》）关于“”这个字形，罗振玉在民国三年甲寅撰《殷墟书契考释》，认为这个字为“正”字。王国维在《戬寿堂殷墟文字考释》中继承了这一观点。后来，孙海波作《甲骨文编》，以为“正”字之“从二止”，而“孳乳为征”。大多数学者沿用了这个观点。我们以为，卜辞中关于方国之征伐，释、为“围”为“征”都可。如卜辞：“□丑卜，王囗其。”（《铁云藏龟八五·二》）但在田猎卜辞中，围攻的对象为禽兽，没有征伐之事，应当释为“围”字。武乙时，又在字形的基础上增二止于囗中，作，如卜辞：“今日辛罕，于翌日壬罕。”（《小屯殷墟文字甲编·六三八》）又如卜辞：“于斿罕。”（《宁沪四〇九》）文武丁时代，卜辞中有一字形有作，不知为何字，有学者在《中国文字》第15期中，以卜辞例证之，认为该字形也是“围”字。

关于“围”字的古文，学者也有不同的看法。戴家祥认为“”字从㲋，囗声，《说文解字·止部》：“㲋，不滑也。从四止。”四止罗列囗外，这个字形似包围之围之本字。此外，鲁宾先生以为是围的古文，从二囗，囗亦声。从二口，表示围守之义。王赞源在《利鼎·周金文释例》中认为，字在卜辞作，围从韦得声，韦又从口声，故知是围的古文。《说文》：“韦，相背也。”围从韦声，并无围守之义，可见，围是的后起俗字。

金文“围”基本延承了甲骨文字形，作（《金文编·庚壶》），《包山楚简·文书》中“围”作，《睡虎地秦简文字编》中“围”作、，小篆“围”作。

下面我们来谈谈“围”的意义。《说文解字·口部》：“围，守也。从口。韦声。”由此可见，“围”的本义为“守”也。《逸周书·大武》：“四设围以信。”朱右曾校释：“围，守也，守围以信。”《公羊传·庄公十年》：“围不言战。”何休注：“以兵守城曰围。”韩愈《张中丞传后叙》：“当其围守时，外无蚍蜉蚁子之援。”《左传·僖公五年》：“八月甲午，晋侯围上阳。”《史记·高祖本纪》：“(汉王) 东至咸阳，引兵围雍王废丘。”以上例子中的“围”用的都是本义“包围，围守”。

“围”除了用作动词外，还常用作量词，表示长度单位，如我们通常所说的腰围、胸围，用的就是这个意思。“围”作为一个周长的长度测量单位，它与“分”“寸”“尺”“丈”是有区别的。《汉语大字典》中对它的长度作了解释：“指两只胳膊合围起来的长度，也指两只手的拇指和食指合围的长度。”由此可见，“围”并不是一个很精确的计量单位，而是个计量圆周的约略单位。“围”的这个用法在汉文典籍中并不少见，如《庄子·人间世》：“匠石之齐，至于曲辕，见栎社树。其大蔽数千牛，絜之百围。”陆德明释文：“‘百围’，李云径尺为围，盖十丈也。”又如唐杜甫的《古柏行》中：“霜皮溜雨四十围，黛色参天二千尺。”再如《本草纲目》中：“枫木枝干修耸，大者数连围。其木甚坚，有赤有白。”“围”作为一种手段让对方措手不及，“围”作为一个长度单位却无法定量，由此可见，“围”的这两个意义之间是有一定的引申关系的。

古往今来，以“围”解围的例子有不少，典型的如三十六计中的第二计“围魏救赵”。据《史记·孙子吴起列传》中记载：赵国都城被魏国围攻，向齐乞援。齐将孙膑、田忌出兵救赵，趁魏国重兵在外，直攻魏国。魏军得讯撤回，在桂陵被齐兵截击，大败。赵国得解。后把类似的战法就叫“围魏救赵”。

如果说迂回击虚是围魏救赵的前提的话，那出奇兵用奇计才是实施此计的重点。“魏”是牵一发而动全身的关键，只有攻击重点也就是竞争者的致命弱点，才能达到救赵的目的。在通常情况下，敌我双方力量相当或我方处于劣势时，“明火执仗”不可取，只有弄清敌方的弱点并攻其不备才是上策。如《三国演义》中曹操欲征讨江东时，诸葛亮向刘备献计，他牢牢抓住了“曹操

孙膑定“围魏救赵”之计
引自《孙子兵法与三十六计 彩色图解》第165页 思履 主编 中国华侨出版社 2012年8月

平生最担心的就是西凉之兵”的弱点，用一封书信鼓动西凉之兵的统帅马超出兵长安，使曹操主动放弃南下的计划。诸葛亮用“围魏救赵”之计，成功转移了曹操军队的进攻视线，保护了东吴。再如太平天国时期，李秀成就是迂回远攻清军粮草重地杭州，才得以调动分散江南大营之清军，从而解了天京之围。

在现实生活中，面对这种计谋，我们要瞻前顾后，仔细考虑利害关系，做好防范措施，因为“螳螂捕蝉，黄雀在后”。在没有能力使事态两全时，也要学会准确地做出判断，及时地做出选择，放弃次要的，保住主要的。

生活就像围城，外面的人想进去，里面的人想出来。生活也像下围棋一样，只有运用一定的技巧和心理战术，才能略胜一筹，最终突破包围圈，成为赢家。看来，我也有必要和我的小外甥一样，去报一个围棋兴趣班了，这样我才可以与他一起体验“围”与“解围”的乐趣。

第03计　借刀杀人——“借”

2015年4月，一封只有10个字的辞职信红遍了网络，一句“世界那么大，我想去看看”引起了网络上社会各界的关注和讨论。世界如此多彩，又如此变化莫测，确实值得我们去慢慢欣赏和品位。可理想是丰满的，现实是骨感的。我们每个人都背负着重重的包袱，不是每个人都有勇气说走就走。就像一只背着重重壳的蜗牛，即使想走也走不快。

其实，在实际生活中，绝大多数人都早已习惯了在这个世界里水中望月、雾里看花，也习惯了睁一只眼闭一只眼。多么希望能像那英的《雾里看花》里唱的：“借我借我一双慧眼吧，让我把这纷扰，看个清清楚楚明明白白，真真切切……”可是，如果慧眼真的这么容易就能借到的话，那世界就不会如此让人捉摸不透，我们就不必处处提防，便能看得清别人到底是倾情相赠还是在借花献佛，是雪中送炭还是借刀杀人了。所以说，在人世间并不是所有东西都是可以借到的，而借来的东西也并不都是为了办成好事的。

“借”这个行为自古有之，而“借”字本身却出现得比较晚。甲金文中没有“借”字，小篆作“”。《说文解字·人部》释“借”：“假也。从人昔声。”本义是假托、依靠、借助。

在古代，“借”字的意思经常用“藉”来表示。如《战国策·秦策四》中楚人黄歇上书昭王曰：“……王将藉路于仇雠之韩、魏乎？”又如《吕氏春秋·精谕》：“弊邑寡君使下臣愿藉途而祈福焉。”《墨子·公输》：“北方有侮臣者，愿藉子杀之。”以上几例中的“藉”字都用为“借”。

段玉裁《说文解字注》中说“秸字下禾稾去其皮，祭天以为藉也”，也就是说，“藉”的本义为祭天仪式中用于垫在下面的一种东西。后来才引申为承藉、假借之义。

“藉”是个形声字，从艸耤声。甲骨文中有“耤”字，并且字形比较繁多，有作（《甲骨文合集9500》）、（《甲骨文合集9507》）、（《甲骨文合集900》）、（《甲骨文合集14》）、（《甲骨文合集9503》）、（《甲骨文合集9505》）、（《甲骨文合集9506》）、（《甲骨文合集9508》）、（《甲骨文合集9512》）、（《甲骨文合集13505》）、（《甲骨文合集8》）、（《甲骨文合集5603》）、（《甲骨文合集5604》）、（《甲骨文合集9501》）等形体，也有加了声符“昔”的形体，如（《甲骨文合集8725》）和（《甲骨文合集626》）。

金文“耤”基本沿袭了甲骨文“耤”的形体，如《耒父丁卣》中“耤”作（《殷周金文集成4945》），《耤簋》中作（《殷周金文集成2969》），《耤作父己簋》中作（《殷周金文集成3328》），也有加了声符“昔”的金文“耤”，如《令鼎》中写作（《殷周金文集成2803》），《弭伯师耤簋》中写作（《殷周金文集成4257》）。战国至秦代的“耤”已经与今天的楷体“耤”很相像了，如《睡虎地秦墓竹简》中“耤”作。小篆“耤”作，西汉《张家山汉简》中

耕作

引自《诗经三百首鉴赏大全集》目录页 沐言非 编著 中国华侨出版社 2012年6月

的“耤”写作。

从字形上看，甲金文中的“耤”，或从又从耒，或从丮从耒，或在从丮从耒构形上增加声符“昔”，象人持耒耜耕作之形。关于“耤”的本义，《说文解字·耒部》中有明确的解释：“耤，帝耤千亩也。古者使民如借。从耒昔声。”也就是说，“耤”的本义是指帝王亲自耕种的田，这种田在帝王耕种之后，又借助民众的力量来耕作。由此我们可以知道，“藉”与“借”其实都是“耤”的后起之字，它们在字形、字音、字义上都有密切的关系。

古代帝王借助民力来耕种，不仅百姓能够自给自足了，同时也巩固了帝王的统治地位，这是互利互惠的双赢之上策。而为了个人利益，人们往往又会借助其他外力达到“损上益下”的效果，比如三十六计中的第三计“借刀杀人”。

“借刀杀人”是三十六计中应用最为广泛的一种计谋，它是一种借助他人的势力达到自己目的的手段。此语出于明代戏剧《三祝记》：“这所谓借刀杀人，又显得恩相以德报怨，此计如何？”这出戏是写北宋时期范仲淹的政敌企图让他做军队的统帅去抵挡西夏人的侵犯，目的是欲借西夏人之手杀害毫无作战经验的范仲淹的故事。此计是根据《周易》六十四卦中的损卦推演而得。彖曰：“损上益下，其通上行。”此卦认为，“损”和“益”不可截然划分，二者相辅相成，盟友在做出牺牲时也得到了好处。

举个例子。春秋末年，齐简公派国书为大将，兴兵伐鲁。鲁国的实力不敌齐国，形势危急。孔子的弟子子贡为了鲁国的安危决定采用“借刀杀人”之计解鲁国之围，随后便游说齐、吴、越、晋四国，制造他们之间的矛盾，并达到了预期目的。公元前484年，吴王夫差亲自率十万精兵及三千越兵攻打齐国，鲁国派兵支援。齐军中吴军诱敌之计，陷于重围。齐师大败，只能请罪求和。大获胜利的夫差骄狂自傲，立即继续攻打晋国。晋国早有准备击退了吴军。在整个争斗过程中，子贡充分利用了齐、吴、越、晋四国的矛盾，巧妙周旋，最终借吴国之“刀”击败了齐国，又借晋国之刀灭了吴国的威风。鲁国的损失微小，但终究摆脱了困境。

子贡施“借刀杀人”之计

引自《三十六计》第17页 新疆青少年出版社 黄平之 译注 2006年3月

又如《三国演义》中的曹操在保护都城时也使用过该计。当时曹操面临的局势是：诸葛亮与吴国结盟共同抵抗魏国。当关羽围攻魏国属地樊阳、襄阳时，曹操想迁都。司马懿和蒋济便劝说曹操："刘备、孙权表面上是亲戚，但内心却隔阂很深，关羽得志，孙权的内心是不愿意的。因此，可以派人跟随孙权身旁劝说他，并答应割让江南的土地封给他，这样樊城的包围就会自然解开。"曹操依计行事，关羽终于兵败麦城，束手就擒了。在这场战争中，曹操就借了孙权这把刀，打败了关羽，解了都城之围。

"借刀杀人"之计被历代军事家广泛运用，现代商战中的"借刀杀人"更是花样百出，屡奏功效。在激烈的商战中，常常出现强者一统天下，弱者夹缝求生的情况，弱小企业若想赢得市场，便需巧用借术，以最小的投入创造出最大的利益，实现四两拨千斤的效应。在现实生活中，"借刀杀人"一计也被普遍运用，其意是借用同行或朋友之力战胜对方，以保存自己的实力。当然，我们中的很多人都不愿意作为借刀杀人的牺牲者出现，我们也不希望自己去使用"借刀杀人"这样的计谋来伤害他人。而学习如何防范被"借刀杀人"所利用还是必要的：首先，做到遇事不盲从，分辨是非，权衡利害，不为他人做嫁衣裳，不成为别人手中的刀；其次，懂得宽容他人，因为世间没有不共戴天的仇敌，不到万不得已的时候千万不要妄开杀戒，不成为借刀之人；第三，"害人之心不可有，防人之心不可无"，要时时警惕周围的攻击，不成为对方的刀下人。

在我看来，"借刀杀人"虽是智慧之计，但更是阴险狡诈之计。上天都是公平的，今天你"借刀杀人"，暂时取得了胜利，说不准哪天你也会成了别人手中那把刀下的人，最终被害得头破血流。所以，损人利己的事情还是不做为好，真正地做到人不犯我，我不犯人，老老实实地做人，明明白白地做事。这样的话，我们无须借一双慧眼，也能看清前面的路。因为"人在做，天在看"，一步一个脚印，我坚信依靠自己的实力也可以获得给力的成绩。

【第04计　以逸待劳——“待”】

“待我长发及腰，少年娶我可好？待你青丝绾正，铺十里红妆可愿？却怕长发及腰，少年倾心他人。待你青丝绾正，笑看君怀她笑颜。”这是一首待字闺中的少女写给少男的一封情书，具体意思是：等我的头发长及腰际，你娶我好吗？等你行成人冠礼时候，你愿意来娶我吗？只怕头发长及腰际，你已倾心他人。等你成人之后，却看到她人在你怀里笑。一个“待”字，说出了少女对倾心的少年来娶她的美好愿望；一个“待”字，道出了她对未来不确定世事的恐惧。

根据现存的文献，“待”字在甲骨文中未出现，在金文中写作（《师栌鼎》），《旟鼎》中的字形与之相似，作（《殷周金文集成2704》），都由彳、止、又三个部件构成。战国时期，《侯马盟书》中的“待”对部件“又”稍作了改动，写作“”。《说文》中的小篆“待”，写作，在部件“又”的基础上加了

待字闺中的少女

引自《诗经三百首鉴赏大全集》第104页 沐言非 编著 中国华侨出版社 2012年6月

一笔，变成了“寸”。到了东汉，“待”字的右边部件“止”又被讹写成“土”，作“”（《肥致碑》）。至东汉以后，“待”字就基本固定为由“彳”“土”“寸”三个部件构成，如晋代《徐义墓志阳》中的“待”写作，北魏《元侔墓志阳》中的“待”写作，北齐《窦泰墓志》中的“待”写作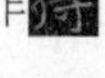，隋代《郭达墓志》中的“待”写作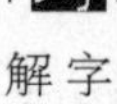，唐代《高元珪墓志》中的“待”写作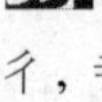。

《说文解字·彳部》释“待”为“竢”也。“从彳，寺声。”又《说文解字·立部》：“竢，待也。”段玉裁《说文解字注》云“待”字“今人易其语曰等”。由此可见，“待”与“竢”两字同义互训，本义都为“等候，等待”。“待”的这一义项也是产生较早、使用最为广泛的一个义项。如《左传·隐公元年》：“多行不义，必自毙，子姑待之。”《周易·系辞下》：“君子藏器于身，待时而动，何不利之有？”《尚书·商书·太甲上第五》中伊尹乃言曰：“先王昧爽不显，坐以待旦。”唐代白居易的《放言五首》之三中：“试玉要烧三日满，辨材须待七年期。”

在很多汉文献中，“待”字经常用“俟”来表示，如《诗经·邶风·静女》：“静女其姝，俟我于城隅。”《论语·先进》：“如其礼乐，以俟君子。”又如《左传·文公十二年》中的：“裹粮坐甲，固敌是求，敌至不击，将何俟焉？”“俟”本是“竢”的假借字，《说文解字·人部》：“俟，大也。”段玉裁注：“自经传假为竢，待也。”

而在楚简中，经常假借“寺”或“寺”来表示“待”。如郭店楚简《性自命出》：“凡人唯（虽）又（有）眚（性），心亡奠志，寺（待）勿（物）而句（后）复（作），寺（待）兑（悦）而句（后）行，寺（待）习而句（后）奠。”上博简本《性情论》中的“寺（待）兑（悦）”“寺（待）习”之“寺（待）”作“寺”。

但在成语中，基本上是用“待”本字来表示，如三十六计中的第四计“以逸待劳”。这一计出自《孙子兵法·军争篇》：“善用兵者，避其锐气，击其惰归，此治气也。以治待乱，以静待哗，此治心者也。以近待远，以佚待劳，以饱待饥，此治力者也。”《孙子·虚实篇》中又说：“凡先处战地而待敌者佚，后处战地而趋战者劳，故善战者，致人而不致于人。”（按：古代“佚”与“逸”两字相通）。这几句话的意思是，在战争中要善于把握主动权，以不变应万变，以小变应大变，以不动应动，以小动应大动。在机会还未成熟之时，要忍耐等待，不急不躁，不慌不乱，即使遇到非常紧迫的情况也能镇定自如，泰然处之，就如苏洵《心术》中所说的：“泰山崩于前而色不变，麋鹿兴于左而目不瞬。”

《左传·庄公十年》中就记载了以弱胜强，以逸待劳的典型战役——“长勺之战”。公元前684年，齐国令鲍叔牙带领大军侵犯鲁国。鲁庄公请曹刿来帮助打退齐军。战争刚开始，齐军一路高歌猛进，士气高昂，鲍叔牙一见到鲁军，就立刻下令击鼓进军。正当鲁庄公也想击鼓迎敌之时，却被曹刿制止了，他说："敌人刚打了胜仗，现在锐气正盛，如果交锋，正中他们下怀，不如暂缓交兵，严阵以待，等待恰当时机，千万不可急躁。"齐军一阵冲锋过来，只见鲁军竭力稳住阵脚不与之交战，齐军只能退回原地。过了一会，齐军再次擂鼓进军，鲁军依然纹丝不动，齐军只能重回本营。鲍叔牙据此判断鲁军势弱怯战，于是命令齐军第三次击鼓进攻，准备一举拿下鲁军。曹刿听到齐军第三次击鼓，便对鲁庄公说："现在是出击的时候了。"经过两次冲锋，齐军认为鲁军懦弱不敢出击，斗志已经松懈，也放松了戒备。忽然听到鲁军阵容中震耳欲聋的鼓声，看到鲁军士兵像猛虎下山一样冲了过来，顿时乱了阵脚，最终被杀得溃不成军，大败而逃。鲁庄公见状欲乘胜追击，又被曹刿制止。只见曹刿下车查看并确认了地上的车辙马迹杂乱无章，远处齐军的旗帜也倒下了，然后才说："可以全线追击了。"鲁军一路追赶，把齐军赶出了国境，大获全胜。在这次战役中，曹刿准确分析了敌强我弱的局势，巧妙地运用了"以逸待

三次击鼓　曹刿胜齐

引自《三十六计：白话通解　智谋故事 绘画本》第27页 儒墨，准之 编 山西人民出版社 1991年12月

劳”之计养精蓄锐，诱敌深入并疲敌劳敌，等待时机便转守为攻，最终一鼓作气消灭了敌人。

在我国的抗日战争中，毛泽东也多次运用了“以逸待劳”之计来歼灭敌人，最有名的就是游击战。他还用十六字方针简明扼要地总结了游击战的公式：“敌进我退，敌驻我扰，敌疲我打，敌退我追。”这几个字体现了“以逸待劳”的基本思想。

战争中如此，在生活中我们也要学会“以逸待劳”来实现自己的价值，创造更多的奇迹。

二十多年前，海归在国内成为十分抢手的“香饽饽”，但如今“海归热”已成为一道逝去的风景，“海归”变成了“海待”。所谓“海待”就是指海外留学归国人员求职遇到困难，而暂时“待业”。据报载：留学归来四五个月还没找到工作的一位“海归”，戏称自己已成“海待干”了。面对如此处境，我们更要沉着冷静，不浮不躁，修学储能，等待时机并抓住时机，坦然处之。因为所有的困境都只是暂时的，上天在这个地方关了一扇门，不要焦虑，耐心等待，他会在不远处为你打开另一扇门。

这就像是走在幸福的道路上，我们满怀憧憬又心生疑惑，我们总是在追求，又总是在等待，为的就是能在正确的时候正确的地点遇到正确的你，这是一件多么美好的事情。我们相信，不去刻意地追求、等待，幸福就会出现。正如美国文豪亨利·戴维·梭罗所说的那样：“幸福就像蝴蝶，你越是追它，它就越是躲着你。但是，如果你将视线转移……它就会轻轻地落到你的肩头。”等来幸福，看似轻松，实为不易。因为——等待，不是无动于衷，而是静静沉淀；等待，不是斗志松懈，而是养精蓄锐；等待，不是坐失良机，而是创造良机。耐心等待，胜利和幸福总有一天会来敲门。

【第05计 趁火打劫——“劫”】

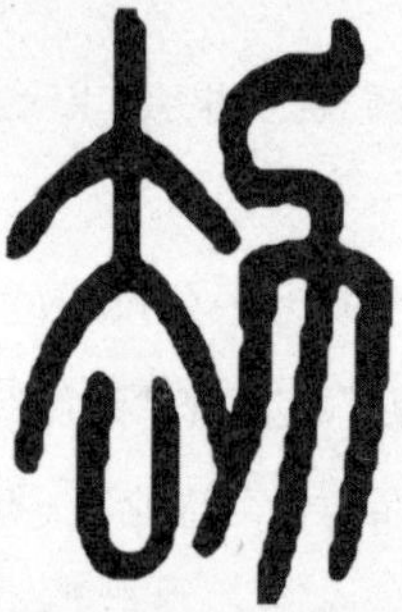

在《西游记》中，唐僧师徒四人在西天取经的路上遭受了九九八十一次劫难。孙悟空、猪八戒、沙僧、白龙马一路保驾护航，克服了黑河沉没、降妖取后、吃水遭毒、无底洞遭困、晒经石留迹等等各种劫难，最终取得真经。有一句宗教名言说，人一生下来就是来赎罪的。这就注定了人的一生不可能一帆风顺。伴随着开心的笑声与哭泣的眼泪，享受着成功的喜悦和简单的幸福，遭受着疾病的痛苦和不舍的离别，体验着各种经历和劫难。我们一步步从婴儿走到童年，从童年跑到少年，从少年奔到青年，从青年跨入中年，从中年步入老年，回首这短短一生，真的不容易。我们在欢乐中长大，也在劫难中成长。避不开的劫，躲不了的难，我们能做的就是在有生之年勇敢地面对，而不该去“趁火打劫”，使他人雪上加霜。

从当前出土文献的考释成果来看，“劫”在甲金文中未见。西汉《马王堆

《西游记》师徒四人西天取经
引自《彩图西游记》第205页 辽宁少年儿童出版社 吴承恩 原著，志华改编 1996年4月重印

汉墓帛书 · 战国纵横家书》中的“劫”作，西汉《银雀山汉墓竹简 · 孙膑兵法417》中的“劫”作。小篆字形作。该字从去从力，有些文献中将“劫”右边的“力”讹作“刀”，如北魏《侯太妃自造像记》中的“劫”作，唐代《何行感造像记》中“劫”作，也有的将部件“力”写作“刃”，如隋代《邓昞墓志》中的“劫”作，还有的将部件“力”写作“刂”，如唐代《施灯功德经幢》中的“劫”写作。此外，《马王堆帛书》中还出现了假借“割”表示“劫”的情况，如《战国纵横家书 · 苏秦献书赵王章》中有：“恐事之不诚（成），故出兵以割（劫）革（勒）赵、魏。”

《说文解字 · 力部》释“劫”为：“人欲去，目力胁止曰劫。或曰目力去曰劫。”“目”即“以”，“胁”相当于“迫”，段注曰：“以力止人之去曰劫。不专谓盗。而盗御人于国门之外亦劫也。”意思是说，劫就是用力阻止人离开，又指盗窃对方并把对方防御在门外。“或曰目力去曰劫”，意思是用力逃也叫劫。由此可见，“劫”的本义为以强力制止对方欲去，即威胁、威逼。如《左传 · 庄公八年》：“遇贼于门，劫而束之。”《汉书 · 高帝纪上》：“愿君召诸亡在外者，可得数百人，因以劫众，众不敢不听。”“劫”又引申表示“抢夺、强夺”之义。如《战国策·燕策》：“乃欲以生劫之，比得约契以报太子。”《论衡·答佞》：“攻城袭邑，剽劫虏掠。”唐代马戴《出塞》：“卷旗夜劫单于帐，乱斫胡兵缺宝刀。”后来，“劫”由“抢夺”之义引申为名词“强盗”之义，“劫贼”“劫盗”“劫人”等都是强盗的别称，如《世说新语·政事》：“陈仲弓为太丘长，有劫贼杀财主。”《南史·赵伯符传》：“(伯符)为政苛暴，吏人畏惧如与虎狼居，而劫盗远迸，无敢入境。”《搜神记》卷十七：“有神下其家曰：‘我史云也。为劫人所杀。疾取我衣于陈留大泽中’……”

“劫”是盗贼所干之事，千夫所指，而“趁火打劫”更该罪加一等。该计作为三十六计中的第五计，最早出自明代吴承恩所著的章回体小说《西游记》第十六回：“正是财动人心，他不救火，也不叫水，拿着那袈裟，趁火打劫……”它的原意是：趁人家家里失火，在混乱中乘人之危去抢人家的东西。这是违反道德的行为。然而此计用在军事上，就不可对敌人一时心软，手下留情了。《孙子·始计篇》云：“乱而取之。”此计是历代兵家重视的谋略，用兵之妙常在于此。

公元前494年，吴王夫差兴兵伐越。越国惨败。为了保全残兵，越王勾践向吴王求和，并带上妻子和重臣作为人质来到吴国。勾践忍辱负重，为夫差当马夫，当仆人，精心侍奉夫差，最终赢得了吴王的信任，并于公元前491年将他释放回越国。回国后的他时刻不忘复仇大业，与百姓同苦，与有才之士共商大计，励精图治，为富国强民煞费苦心。同时，为了遮吴王眼目，他还年年向吴国进贡，并挑选、训练了西施等绝色美人给夫差，以放松吴国对越国的戒备。后来，吴国大臣伍子胥被杀，国内又遭严重旱灾，田里的螃蟹、水稻都干死了，百姓怨声四起，国内一片混乱。恰在此时，吴国国内空虚，财力物力人力不支。就趁着这千载难逢之机，越王勾践趁火打劫，亲自率领数万士兵，一举打败了吴国。吴王夫差被困阳山，掩面自杀。这次胜利来之不易，因为这

吴国被越国“趁火打劫”
引自《三十六计》第28页 新疆青少年出版社 黄平之 译注 2006年3月

场“火”就让勾践足足等了二十年！

又如《三国演义》第三十二回曹操平定河北的过程中也使用了这一计谋。东汉末年，袁绍在官渡惨败之后忧郁而死。曹操便想趁袁绍死后群龙无首之机，一举消灭袁氏集团。袁绍的长子袁谭和幼子袁尚同仇敌忾，合力死守冀州。曹操久攻不下。谋士郭嘉向曹操献计说：“袁绍死后，立他的小儿子为继承人，未立他的大儿子，这种废长立幼的做法，必然导致兄弟之争。我们这时应该撤兵，在他们争夺权势之战中乘其混乱出兵，就可以获胜。”曹操采纳了这一计谋。果然，在曹操撤走不久，这两兄弟便大动干戈，袁谭兵败并向曹操求援。曹操这时听取了谋士荀攸“趁火打劫”之计，在袁谭、袁尚互相残杀的时候，先与袁谭连手，进攻袁尚。次年八月，终于铲除了袁尚集团。第三年春，曹操趁火打劫，又以“负约背盟”为名，消灭了袁谭。至此，曹操获得了袁氏几世经营的地盘，为其后来统一北方奠定了基础。

在现代社会中，该计也经常为商家和经济学家所用。比如1975年的春天，美国亚默尔肉食加工公司老板菲力普在报纸上了解到墨西哥发现了疑似瘟疫的病例，他不仅没有感到难过和害怕，而是兴奋得差点跳起来。因为他知道，这瘟疫一定会从加利福尼亚州或德克萨斯州很快传染到美国，而这两个州又是美国肉食供应的主要基地。到时候瘟疫袭来，肉类就会供不应求，价格一定会猛涨。果然不出他所料，没过多久，美国政府就下令：严禁一切食品从这几个州外运。于是，美国国内肉类奇缺，价格暴涨，菲力普就趁机将先前集中资金购进的牛肉和猪肉抛出，在短短几个月里，就净赚900万美元。

再比如，20世纪90年代末的东南亚金融危机，让大家都记住了金融界大鳄乔治·索罗斯这个名字。他就是看准了泰国当时严重的经济泡沫，抓住了这个漏洞之后大量囤积泰铢，动员了国际上很多金融公司，然后到了一定程度再将泰铢抛售。那时，泰国将所有的外汇储备拿出来都抵挡不住这样的形势，于是泰铢在短时间内爆贬，周围的新加坡、菲律宾、马来西亚等国家也跟着受灾。乔治·索罗斯趁这场金融危机的“大火”赚了好几十亿美元，打了一场大大的劫，满载而归。

一般来说，“趁火打劫”是贪婪者无法满足正常情况下的求利，而在对方危难时趁机取利，这是一种很不厚道的得利手段，但往往会收到事半功倍的效果。更阴险的是，他们绝不会消极地等待对方遭遇灾难，而是主动地把灾难加到对方头上。也就是说，在他们“趁火打劫”之前，还处心积虑地放了把火！面对这样的计谋，最好的办法就是防患于未然，让这把火烧不起来，万一烧起来了，必须要保持沉着冷静，临危不乱，团结一切可以团结的力量，关好门户，不让那些“趁火打劫”的人有机可乘。

在生活中，每个人都不想遇到劫，但每个人又都避不开大大小小的劫。我们能做的就是坦然面对各种劫难，把每一次劫难都当成是天使的一次作弄，把每一次麻烦都化成人生阅历中的勋章，在劫难中成长，在劫难中继续前进，在劫难中锤炼出一颗勇敢的心。那些“趁火打劫”的事情我们就不要去凑热闹了。

【第06计　声东击西——“击”】

在20世纪八九十年代，没有手机游戏玩，也没有Ipad玩，但孩子们的童年依旧丰富多彩，妙趣无穷。我记得小学的时候，为了活跃课堂气氛，在班会课上老师总会让大家玩一些小游戏，比如丢手绢、扔沙包、老鹰抓小鸡，而最刺激的就是击鼓传花了。大家二十几个人围成一个大圈坐下，其中一人拿花，老师背对着大家击鼓，鼓响花传，鼓停花止。花在谁的手中，谁就即兴表演一个节目，或是唱歌，或是跳舞，或是讲笑话、背诗等，如果花正好在两个人的手中，那么这两人就通过猜拳决定谁是要表演的人。然后花再随着击鼓声从拿到花的同学开始传。在整个游戏过程中，一听到击鼓声，整个人就会马上进入状态，连神经都处于紧绷状态，生怕花会落入自己手中。现在我们也能看到改良版的“击鼓传花”，就是把击鼓声换成了音乐，但总觉得音乐没有击鼓声有气势。因为在古代的时候，击鼓是为了壮士气的，如《诗经·邶

风 · 击鼓》中就有记载:“击鼓其镗,踊跃用兵。”

“击鼓”的“击”字繁体字形作“擊”。根据现有的材料,“擊”的字形在甲金文中未见,小篆作,从手毄声。西汉《武威汉简 · 王杖十简8》中“擊”作、《张家山汉简 · 盖庐 19》中的“擊”字形显得比较修长,作,东汉熹平石经《易》残石中的“擊”作。北魏以后,文献中“擊”的异写字字形比较多,如北魏《檀宾墓志》中将“擊”的部件“軎”讹写成“車”,作,东魏《元湛妃王令媛墓志》中的“擊”也如此,作;隋代《高紧墓志》中将“擊”的部件“軎”写作“䡬”,作;唐代《李彦墓志》中将“擊”的部件“殳”讹作“支”,作;唐代《范安及墓志》中将“擊”部件軎省写成“丰”,作;唐代《刘庭训墓志》中将“擊”的部件“殳”讹作“攵”,并将部件“軎”省写成“車”,作;唐代《吴孝墓志》中将“擊”的部件“毄”讹作“斬”,作。

楚简中有假借“毄”表示“擊”的情况。如《上海博物馆藏战国楚竹书二 · 容成氏》简22中记载:“毄(擊)鼓,垔(禹)必速出……”另,《上海博物馆藏战国楚竹书三 · 周易》简1中载:“上九:毄(擊)龙(蒙);不利为寇

鼓车模型
引自《孙子兵法与三十六计智谋鉴赏》第144页 司马哲,岳师伦 编著 中国言实出版社 2006年1月

(寇),利迎(御)寇(寇)。”后来,为了书写便利,“擊”就简化成我们现在看到的“击”。

《说文·手部》:“击,支也。”《说文解字·支部》释“支”为“小击也”。“支”在甲骨文作,字形下面部分是手,上面部分应是棍棒之类的东西,象持棍棒之形,意义为敲打。由此可知,“击”的本义也为“敲打”。《广韵·锡部》中也说:“击,打也。”如《书·舜典》:“予击石拊石,百兽率舞。”《庄子·逍遥游》:“鹏之徙于南冥也,水击三千里。”《楚辞·九歌·国殇》中:“援玉枹兮击鸣鼓。”以上各文献中都用的是“击”的本义。“击”后来又引申为用兵器或其他器物进击对方,表攻击之义。如《孙子·虚实》中有:“兵之形,避实而击虚。”《左传·僖公三十年》:“子犯请击之。”《汉书·高帝纪上》:“攻下邑,拔之。还击丰,不下。”《史记·魏公子列传》:“而诸侯敢救者,已拔赵,必移兵击之。”以上几例中的“击”都是“攻击”的意思。成语“声东击西”中的“击”也是“攻击”之义。

“声东击西”是三十六计中的第六计。这一计名出自唐代历史学家杜佑所著的《通典·兵六》:“声言击东,其实击西。”意思是说表面上嚷着要攻打这里,实际上却攻打那里。它是制造假象、佯动伪装来掩盖攻击方向的一种谋略。古代兵书中有关这一计策的记载有不少。如《六韬·兵道》:“欲其西,袭其东。”《百战奇略·声战》:“声东而击西,声彼而击此,使敌人不知所其所备,则我所攻击,乃敌人所不守也。”《三国演义》第一一一回:“蜀人或声东击西,指南攻北,吾兵必须分头把守。”

这一计谋在历代军事中都有运用,屡见不鲜。东汉时期,班超出使西域,目的是团结西域诸国共同对抗匈奴。为了便于计划的实行,必须先打通南北通道。于是班超决定先平定莎车国。莎车国王求救于龟兹。龟兹王率五万人马救援莎车。班超分析了敌我形势,寡不敌众,只能智取。于是他派人在军中散布对班超不满的言论，制造将撤退的迹象，并且让莎车俘虏获悉。这天黄昏，班超命令一部分军队向东撤退，自己再率一部分军队向西撤退，表面上显得慌乱，并故意让俘虏趁机逃脱回莎车报告汉军撤退的消息。龟兹王信以为真，想趁此机会追杀班超。他下令兵分两路追击逃敌，并亲自率一万精兵向西追击班超。班超早有计划，撤退仅数十里便就地隐蔽。待龟兹王从隐蔽处飞驰而过后，班超便立即集合东西两路部队迅速回师进攻莎车，打得莎车军队猝不及防，迅速瓦解。当龟兹王听说莎车已投降班超并伤亡惨重的消息，只好返回龟兹。在这次战役中，班超不惧敌众我寡，巧妙地运用了“声东击西”之计，轻松地取得了胜利。

毛泽东在文章中也多次提到了这一计谋。如他在《论持久战》中写道：“声东击西是造成敌人错觉之一法。在优越的民众条件具备，足以封锁消息

班超出使西域图
引自《三十六计经典故事》第51页
纪江红 编 北京出版社 2005年7月

时，采用各种欺骗敌人的方法，常能有效地陷敌于判断错误和行动错误的苦境，因而丧失其优势和主动。”此外，他在《抗日游击战争的战略问题》和《中国革命战争的战略问题》中也对“声东击西”有相关论述。

在现实交际生活中，语言是一门艺术。俗话说“一句话说得人笑，一句话说得人跳”，意思是说同样意思的一句话，有些人说的话听起来非常舒服，而有些人说的话就会让人听得不高兴。因此，在与人交流过程中，有时也需要采用“声东击西”之计，来达到较好的交流效果。比如在阿凡提故事里，有一个故事叫《解梦》。故事是说皇帝梦见被一个人拔光了牙齿，惊醒后非常害怕，于是就在第二天上朝时让群臣帮他解梦。有一位大臣说这个梦意指“陛下全家都将比陛下先死”，皇帝听了之后大怒，就把这个大臣杀了。这时阿凡提来到宫中，皇帝也让他来解释一下，阿凡提说：“陛下将比你所有的家属都长寿。”皇帝听了非常高兴，下令给阿凡提重赏。阿凡提就是巧妙地运用了声东击西的语言艺术，不仅保住了性命，还获得了重赏。

由此可见，“声东击西”是一种非常灵活的计谋。它成功的关键就在于攻方的“声东”是否能让防御方完全相信，使其减弱对“西面”的防范。在敌人神志慌乱之时，自己却保持清醒的头脑，利用他们六神无主的机会正确预料和应付突变事件，最后从容地达到自己的目的。欲想破解此计，我们需要做好首尾呼应的充足准备，以动制动，随敌而变，并学会进行换位思考，善于分析对手的意图，让对手迅速地露出破绽的蛛丝马迹，使其“声东”无效，“击西”无获。

敌战计

【第07计　无中生有——“无”】

白居易《琵琶行》中写道：“别有幽愁暗恨生，此时无声胜有声。”可以说把音乐的以无胜有、无中生有推向了极致。“无中生有”它能变“山穷水尽”为“柳暗花明”，靠一个“曲径通幽”开拓出全新的局面。

但“无中生有”也会收到适得其反的效果。有个经典的故事《狼来了》大家都熟悉。故事是说从前有个放羊的孩子在大草原上放羊，一天，他为了取乐，就故意大声喊：“狼来了，狼来了。”人们听到了孩子的呼喊声，都立马放下手中的活打算齐心协力赶走狼，没想到却是一场骗局，草原上根本没有狼，是放羊的孩子在捉弄大家。放羊的孩子觉得这样做非常有趣，接连又玩弄过几次，于是大家都习以为常了，都不相信他说的话了。没想到，有一天狼真的来了，而大家都以为孩子又在说谎，于是谁都没有搭理他。最终，放羊的小孩和所有的羊都被狼吃了。这就是“无中生有”的惨痛教训。因此，不是所有的“无”都可以生成“有”，“无中生有”是需要智慧的，不分青红皂白地瞎闹腾，最后只会落得“一无所有”。

“无”的繁体字形作“無”。“無”在甲骨文中就已经出现，并且字形繁多。《甲骨文字形字典》就列举了“無”的6个字形，它们是、、、、、。金文“無”基本继承了甲骨文字形，如西周早期《大盂鼎》中的“無”作，西周中期《𣪘公盨》中的“無”作，西周晚期《眉寿钟》中的“無”作，西周晚期《虢文公子㪅鼎》中的“無”作，《伊簋》中的“無”作，《仲再父簋》中的“無”作。春秋时期《庚兒鼎》中的“無”作，《陈侯作孟姜𡡉簠》中的“無”作。到了战国时期，“無”字的笔画开始出现了小篆的影子，如战国早期《曾侯乙钟》中的“無”作，战国晚期《无斁鼎》中的“無”作，《曾姬无恤壶》中的“無”作。在简帛及碑文中，有的字形仍然继承了甲金文中的“無”，如《睡虎地秦墓竹简·日书乙种40》中的“無”作，而有的字形已经简化成当今“無”的简化字“无”，如《睡虎地秦墓竹简·为吏之道42》中的“無”作，《马王堆汉墓帛书·战国纵横家书》中的“無”作，东汉《熹平石经·〈易〉残石》中的“無”作，北齐《张思文造像记》中的“無”作。小篆“無”作，在“無”的基础上又增加了部件“亡”，北魏《元寿安墓志》中“無”继承了小篆的写法，作。

从字形上看，甲骨文、金文中的“無”字象一人双手持羽毛或牦牛尾舞蹈之形。所以，“無”的本义是“舞蹈”。该字是“舞”的初文。传世文献中也有通用的例子，如《周礼·地官·乡大夫》：“五曰兴舞。”郑注：“故书‘舞’为‘無’，杜子春‘無’读为‘舞’。”为了明确“無”的“舞蹈”意义，后来就在“無”的基础上加上表示左右两只脚的部件“舛”，作，就是现在的“舞”字。这个字形突出了舞蹈时不仅要用双手，还要用双脚。《诗经·大序》中说：“情动于中，而形于言；言之不足，故嗟叹之；嗟叹之不足，故咏歌之；咏歌之不

大盂鼎

引自《中国青铜器图录(上)》第73页 李建伟 牛端红 编著 中国商业出版社 2000年5月

足，不知手之舞之，足之蹈之也。”这个描述就很形象地说出了“舞”的形态。

“无”字现在的常用义是表示有无之无，该词本来是用“亡”来表示的，后来由于“亡”和“无”两字读音相近，“亡”为明母阳部字，“无”为明母鱼部字，两字声母一样，鱼阳阴阳对转。于是，就借用“无”来表示“亡”的本义“没有”。

在《说文解字》中，许慎释“无”为“亡也”。他的解释并不是“无”的本义，而是“无”的假借义。也许是由于许慎没有看到“无”的甲骨文字形，而只根据“无”的小篆字形做出的分析。在汉古文献中，“无”一般都用作“没有”之义。如《孙子·军争》中：“是故军无辎重则亡，无粮食则亡，无委积则亡。”《史记·万石张叔列传》：“上以为廉，忠实无他肠，乃拜绾为河间王太傅。”后来，在假借义“没有”的基础上又引申为“不是”之义，如《管子·形势》中：“则国非其国，而民无其民也。”《礼记·礼器》中：“忠信之人，可以学礼。苟无忠信之人，则礼不虚道。”“无”在现在已经失去了其本义，其假借义成了常用义。

此外，“无”的语法功能也比较丰富，不仅可以用为代词、连词，还可以用作副词、助词等。如《孟子·梁惠王上》“察邻国之政，无如寡人之用心者”中的“无”用为代词，表示“没有哪个”的意思。《诗经·鲁颂·泮水》“无小无大，从公于迈”中的“无”用为连词，表示“无论”之义。《尚书·洪范》“无偏无党，王道荡荡”中的“无”用为副词，表示否定词“不”的意思。《诗经·大雅·文正》：“王之盖臣，无念尔祖。”毛传：“无念，念也。”这里的“无”用于句首，是发声助词。

《玉篇》中释“无”为“不有也”。殊不知，无中亦可以生有也。我们中国人有个习惯，叫做“宁可信其有，不可信其无”，于是“无中生有”就有可以发挥的余地了。该计作为三十六计中的第七计，是以欺骗作为资本的一种计谋。此计名出自《老子》第四十章：“天下万物生于有，有生于无。”我国古代军事家尉缭子把这种思想运用到军事上，他在《战权》中说：“战权在乎道之所机，有者无之，安所信之。”“无中生有”中的这个“无”是假，是虚；而“有”是“真”，是“实”。“无中生有”就是真真假假，虚虚实实，真中有假，假中有真。

举个例子。唐朝安史之乱时，安禄山在今天的北京地区起兵叛乱。唐将令狐潮投降安禄山，并奉命包围了雍丘城。城中防守人马不多，守城大将张巡的箭矢也所剩无几。这时张巡急中生智，从当年诸葛亮的“草船借箭”中得到启发。于是，他下令用稻草扎一千个左右如同真人大小的稻草人，并给“他们”穿上黑色衣服，装扮成士兵的样子。到了晚上，用绳子将这些草人吊下城去，令狐潮发现后，以为张巡夜间偷袭，慌忙下令射箭。后定睛一看，才发现上了大当，张巡的偷袭部队原来是一群草人。而这时，张巡将草人提上来，一下子收得了几万支箭了。过了不久，张巡又将真的士兵打扮成草人的样子连同草人一起放下城墙去，令狐潮和手下们又以为他们在玩草人借箭的游戏，就放松了戒备，没有作任何战斗准备。哪知张巡的五百精兵闪电般地

张巡施"无中生有"之计
引自《孙子兵法与三十六计彩色图解》第210页 思履 主编 中国华侨出版社 2012年8月

冲进令狐潮的军营，烧毁了帐篷，张巡见状挥兵冲出，杀得令狐潮全军溃逃。最终张巡用"无中生有"之计守住了雍丘城。

我们都知道天下没有免费的午餐，天上也不会掉馅饼。而明朝杰出的书画家、文学家徐文长有一次就靠自己的聪慧才智吃到了免费的午餐。嘉靖年间，有一年灾荒，徐文长路过一座亭子，看见一个胖子商人在打瞌睡，身边还放着两包糕点。饥肠辘辘的他就挨着商人坐下，企图打这两包糕点的主意。没一会儿，商人醒了，非常生气地说："我正在做梦，却被你吵醒了。"徐文长好声好气地说："不知道先生做的是好梦还是噩梦？"商人说："我是个富人，当然做的是好梦。"徐文长说："那可不见得。要不我们现在来比赛，比比看谁的梦更好？"商人答应了他的提议，于是便又一头倒下呼呼大睡。徐文长趁机便把这两包糕点狼吞虎咽了下去。一会儿，商人醒了，说："我刚梦到了皇帝宴请我，山珍海味，水果糕点，名酒佳肴，应有尽有，还有宫女服侍左右，世间还有比这梦更好的吗？"徐文长不紧不慢地说："这么巧，我也梦到皇帝宴请了我，还碰到你在那里。我对你说：'如今你身在皇宫，不要忘了亭里还放着你的糕点。'你说：'皇宫里的东西应有尽有，那些糕点你拿去吃了吧。'于是，我就回亭里，把糕点全吃了。你一觉醒来没有所得反而有所失，我的梦醒来，没有所失，却有所得。现在你说谁的梦更好？”商人听了无话可说，只好认输。徐文长在这里就巧妙地运用了无中生有之计，不仅让自恃清高的商人输得心服口服，还理直气壮地用对方的食物填饱了自己的肚子，可谓一举两得。

“无中生有”的妙处在于凭空捏造，无事生非，以假乱真，或以真代假，使敌人摸不着头脑，真真假假，虚虚实实，防不胜防。“无”是假的外壳，其目的是为了掩盖真正的意图，关键之处在于掌握对方的心理。可以说，无中生有是三十六计中智慧含量相当高的一种计谋。

在现代生活中，“无中生有”之计很多时候会用在婚姻生活和感情世界中。为什么“无中生有”之计能够成功运用，就是因为现代人疑心病比较重，信用度比较低，安全感系数降低。如果一方有疑心或有外心，这一计往往就非常有效，立竿见影，正所谓“苍蝇不叮无缝的蛋”。面对这种计谋，我们要保持清醒的头脑，不能轻信对方，不能听信流言蜚语，不能放松警惕，并冷静地加以分析，多问几个为什么。俗话说“篱牢犬不入”，把好自己这道关，那么对方的阴谋就会破产。

【第08计　暗度陈仓——“暗”】

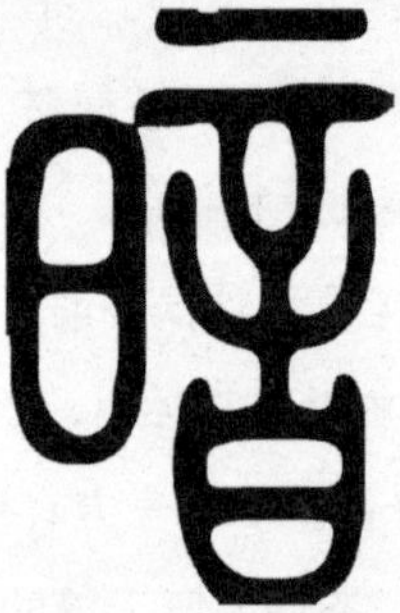

民间有一句歇后语，叫“打着灯笼偷驴子——明人不做暗事”，意思是说正大光明的人不干偷偷摸摸的事情，不做暗地里伤人的事情，告诫人们要做一个坦荡荡的君子。道理每个人都懂，但并非每个人都会去遵循。不然的话，我们没有必要安装防盗窗、报警器来防御盗贼的暗地偷袭，没有必要在小区的各个角落安装摄像头来监控一切可疑的行动，没有必要安装防火墙、杀毒软件来拦截黑客的攻击，也没有必要……就像黑夜的暗需要星星来点亮一样，我们需要一些防备来面对对方的暗中攻击，以防“敌人”在我们不注意时“暗度陈仓”。

根据现存的文献来看，甲金文中未见“暗”字。小篆“暗”作。楷体“暗”基本沿袭了小篆字形，如北魏《元顺墓志》中的“暗”作，隋代《王弘墓志》中的“暗”作。

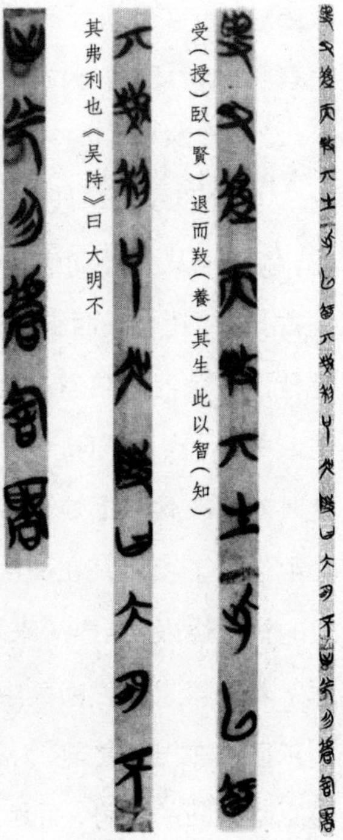

郭店楚墓竹简·唐虞之道（局部）

引自《郭店楚墓竹简·唐虞之道》第27页 《简帛书法选》编辑组 编 文物出版社 2002年10月

“闇”为“暗”的异体字形，从门音声。朱骏声在《说文通训定声》中说：“暗，经传皆以闇为之。”如《易·蒙卦》疏中：“蒙者微昧闇弱之名，物既蒙昧，惟愿亨通，但闇者求明，明者不谘于闇，故云童蒙求我也。”又如《周礼·春官·眡祲》中有：“掌十辉之法，以观妖祥，辨吉凶，五曰闇。”其中的“闇”皆用为“暗”。现今汉字经过规范化后，“闇”字已经不用。此外，在楚简中，还有假借“訇”来表示“暗”的情况。如《郭店楚墓竹简·唐虞之道》简27中：“《吴(虞)陟(诗)》曰：大明不出，完(万)勿(物)膚(皆)訇(暗)。”

“暗”是个形声字，《说文解字·日部》释“暗”为：“无日光也。从日音声。”即“暗”的本义为光线不足，不明亮。如《论衡·说日》中：“日中光明，故小；其出入时光暗，故大。”《世说新语·言语》：“简文在暗室中坐，召宣武。”再如唐代白居易的诗《寒食夜》中：“无月无灯寒食夜，夜深犹立暗花前。”这几个例子中的“暗”都用为“不明亮”之义。

在本义的基础上，“暗”引申用来表示“黑夜，天黑”之义。如《晋书·职官志》中：“车驾逼暗乃还。”宋代姜夔《齐天乐》：“西窗又吹暗雨，为谁频断续，相和砧杵。”此外，“暗”还引申来表示“昏昧，胡涂”之义。如《荀子·天论》中有：“暗(一作闇)其天君。”《新唐书·魏徵传》：“君之所以明，兼听也；所以暗，偏信也。”“隐秘，默不作声”是“暗”的又一引申义。如《后汉书·应奉传》中有:“凡所经履,莫不暗记。”又如清代洪昇《长生殿·权閧》中载:“宠固君心,暗中包藏计狡。”成语“暗度陈仓”中的“暗”用的也是此义。

“暗度陈仓”是三十六计中的第八计。此计的全名是“明修栈道,暗度陈仓”,出自西汉司马迁《史记·淮阴侯列传》。意思是说利用假装修栈道的时间,偷偷地从另外的道路通过。“暗度”就是指暗地里不声张地经过,“陈仓”是古县名,在今陕西宝鸡市东,是古代汉中、关中两地之间的必经之地。此计是楚汉之争时韩信首先运用的一个出色计谋。公元前206年,刘邦部队首先进入关中,攻进咸阳。项羽被刘邦的战绩激怒,欲率兵逼近关中,消灭刘邦。这时刘邦在兵力上处于劣势,加之鸿门宴上,刘邦又险些丧命,只能把咸阳和关中让给了项羽。在关中迁往汉中途中,刘邦命令手下将途中一条一百多里长的栈道烧毁,这样一来可以防止诸侯国的入侵,一来也可以迷惑项羽,似乎预示着他再也无意回关中了。过了不久,已逐步强大的刘邦派大将军韩信出兵东征。在出征之前,为了蒙蔽敌人,韩信派了一些士兵前去修复栈道,摆出要原路杀回的架势,而其实韩信并非真的打算从栈道进攻关中。关中守军闻讯立马派主力部队在这条线路的各个要塞加紧防范以阻拦汉军进攻。就在这时,韩信率领了刘邦主力部队从另一条小路迂回绕道到了陈仓,对陈仓发

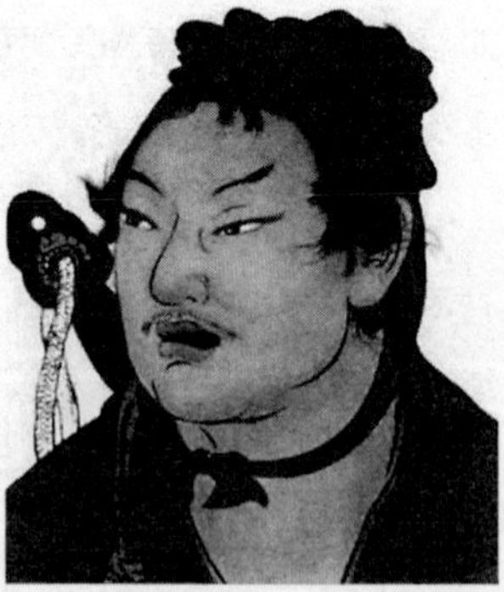

韩信

引自《图文版三十六计》第39页 皮民辉 岳麓书社 2007年2月

动猛烈进攻。面对突如其来的袭击，关中守军只能仓促应战，最终大败。韩信用“暗度陈仓”之计成功平定了三秦，为刘邦统一中原打下了坚实的基础。

曹操在其组织的“乌桓之战”中也运用过此计谋。公元207年夏天，曹操领军进攻乌桓，但正值雨涝，道路崎岖泥泞，而乌桓的军队又防守住了要道，曹军寸步难行。曹操的参谋田畴向曹操提议，用“以迂为直”“暗度陈仓”之计，诈称回师，待秋冬之季再继续进军。乌桓军信以为真，于是便放松了警惕，戒备松弛。正在此时，曹操已经率军绕着偏僻小道步行百里历经数月到达了乌桓境内的柳城并对其发起猛攻，乌桓军毫无防备，只能仓促应战，最终全军崩溃。曹操乘机攻占了柳城，获得了“乌桓之战”的胜利。

此计与我们前面所说的第六计“声东击西”有相似之处，都是用表面现象来迷惑敌人，以掩盖自己真正的目的。它们的不同之处在于：“声东击西”隐藏的是攻击点，而“明修栈道，暗度陈仓”隐蔽的是进攻路线。“明修栈道，暗度陈仓”是明与暗相结合，以明修栈道为幌子，分散对方的注意力，掩盖暗度的真实目的。

后来，世人还用“暗度陈仓”来比喻男女偷情，比如潘金莲偷会西门庆，潘巧云上楼看佛牙，都是采用表面一套来掩饰底下一套的障眼法来暗中通情的。“魔高一尺，道高一丈”“人外有人，山外有山”，若想攻破此计谋，我们就要善于侦察，到处撒网，布成圆阵，保证既能对付“栈道”上的敌人，又能对付“陈仓”来的敌人，让对方“明”与“暗”的行为都暴露在我们圆形方阵范围内。

【第09计　隔岸观火——“观”】

近几年，“毁三观”成了一新的网络红词，频频出现于微博、论坛上。“三观”是人生观、世界观、价值观的统称，泛指颠覆了人们对某人、某事、某物的常规看法，类似于“大跌眼镜”的意思。该词最初源于人们对美国国家航空航天局NASA公布的一张地球奇丑无比的素颜照的看法，地球看上去凸凸凹凹，有人说像地瓜，有人说像轮胎，还有人说像石榴，与传统的地球太空照相完全不同。于是，这张图一公布，就彻底毁了地球人的“三观”。

“观”的繁体字形作“觀”。根据现存的文献来看，甲骨文中未见“觀”字。《新甲骨文编》中说：“卜辞用雚为觀。”“雚”的甲骨文字形比较多样，如《甲骨文合集32137》中有，《甲骨文合集24425》中有，《甲骨文合集27115》中有，《甲骨文合集38310》中有，还有字形较为繁复的，如《甲骨文合集24426》中的。这些甲骨文字形虽然在笔画上有些差异，但所表示

的意义都是相同的，都象瞪着大眼睛的猫头鹰之形。关于这个问题，《殷墟甲骨文实用字典》中有明确的解释说："觀，独体象形字，象猫头鹰形。从二口，为突出两只大眼睛，以示鸟的特征。卜辞用'雚'为觀，为突出其义，加'见'为义符，本义是观察。"卜辞中还有用雈来表示"觀"的例子。如卜辞中有"庚子卜贞王其雈耤叀往"（《后下二八 · 一六》），"己亥卜贞王往雈耤延往"（《甲三四二〇》）。

金文中"觀"大部分都在甲骨文"雚"的基础上增加了义符"見"，如西周《观㦰鼎》中的"觀"作（《殷周金文集成2076》），战国晚期《中山王嚳方壶》中的"觀"作（《殷周金文集成9735》），但也有承袭甲骨文字形"雚"的金文，如西周《效卣》中的"觀"作。

竹简和帛书中的"觀"字都由"雚"和"見"两个部件组成，有的字形部件"見"在左边，部件"雚"在右边，如战国时期《郭店楚墓竹简 · 缁衣37》中的，《上海博物馆藏战国楚竹书二 · 子羔11》中的，《上海博物馆藏战国楚竹书三 · 周易24》中的，《包山楚简文字编》中的，西汉时期《长沙马王

中山王嚳方壶

引自《中国青铜器收藏与鉴赏全书（上卷）》第171页 韩欣主编 天津古籍出版社 2005年

堆二、三号汉墓 · 十问9》中的，等等。也有的字形部件“雚”在左边，部件“見”在右边，如《睡虎地秦墓竹简 · 为吏之道34》中的“觀”作，西汉时期《马王堆汉墓帛书 · 老子甲本》中的“觀”作。“觀”的小篆字形作“”，后来为了书写便利，将“觀”的声符“雚”用符号“又”替代，义符“見”简化成了“见”，于是便有了我们今天看到的“观”。

许慎在《说文解字》中释“观”为“谛视也”。“谛视”就是仔细看的意思，如《穀梁传》曰：“常事曰视，非常曰观。”《左传 · 僖公二十三年》：“曹共公闻其骈胁，欲观其裸；浴，薄而观之。”再如《易 · 系辞下》：“仰则观象于天，俯则观法于地。”这几个例子中的“观”都用为本义。后来，“观”引申用来表示“观察、审察”之义，如《易 · 贲》中：“观乎人文，以化成天下。”《战国策 · 秦策》中：“由此观之，王之蔽甚矣。”《楚辞 · 离骚》中：“瞻前而顾后兮，相观民之计极。”除了用作动词，“观”还可引申为名词之用，表示“外观”“景观”“看法”等义。如《墨子》中“其为衣服，非为身体，皆为观好”的“观”为“外观”之义，《论衡 · 别通》“人之游也，必欲入都，都多奇观也”中的“观”用为“景观”之义，《后汉书 · 文苑传 · 黄香》“‘此天下无双，江夏黄童者也。’左右莫不改观”中的“观”表示“对事物的认识或看法”之义。

成语“隔岸观火”中的“观”用的是“观”的本义“仔细看”。“隔岸观火”是三十六计中的第九计。此计出自《孙子兵法 · 军事篇》：“以治待敌，以静待哗。”该计名最初见于唐代僧人干康的诗句：“隔岸红尘忙似火，当轩青嶂冷如冰。”本义为在河的这边看对岸失火。比喻在别人出现为难时袖手旁观，不动声色，等待时机以便从中取利。

在古代战争中，运用“隔岸观火”之计取得胜利的例子有很多。如东汉末年，袁尚、袁熙被曹操击败后率领数千残兵逃到辽东投靠太守公孙康。曹营诸将劝曹操乘胜追击捉拿二袁，曹操哈哈大笑说：“我们不需要行动，只需等待，公孙康自然会将二袁的首级送上门来的。”于是，曹操下令转回许昌，静观辽东局势的变化。果不其然，没过多久，公孙康便派人把袁氏兄弟的首级送来了。众将惊奇不已，曹操解释道：“公孙康向来惧怕袁氏吞并辽东，二袁降服，必定会引起他的猜疑。如果我们急于用兵，反而会促成他们合力反抗。我们退兵，他们肯定会自相火拼。果然不出我所料。”原来，辽东太守公孙康早料到自己不是曹操的对手，而二袁的来意又不简单，觉得倒不如杀了二袁以保全自己。就这样曹操运用“隔岸观火”之计成功地除掉了他的两个敌人。在这场斗争中，他只是扮演了旁观者的角色，审时度势，不费一兵一卒，彻底解除了东北之忧。

虽然曹操能够成功地使用“隔岸观火”之计，坐收渔利，但也中过诸葛亮的“隔岸观火”之计。公元208年，诸葛亮说服了东吴的孙权，共同对付曹操。周瑜使用连环计，让不善于水战的曹操上了当，曹操只能把所有的战船首尾用铁环连锁，上面再铺阔板，以为这样就能使士兵们顺利渡江，没想到周瑜的

隔岸观火之计

引自《名家注评孙子兵法与三十六计》第701页 邹德金 天津古籍出版社 2008年9月

意图正是借助东南风，不费吹灰之力地火烧了曹操那些连在一起的战船。诸葛亮和刘备则在一旁袖手旁观，并一起登上樊山，怡然自得地观望孙权、周瑜与曹操的火攻大战，并火中取栗，削弱对手的力量，不断扩展了自己的势力。

在商海中，商人也需要有“隔岸观火”的耐心和架势。比如牛仔裤的诞生就是“牛仔裤大王”莱维·施特劳斯“隔岸观火”的结果。100多年前，美国加利福尼亚掀起了一股淘金热，许多适合淘金用的工具和生活用品都在当时炙手可热。莱维·施特劳斯也带来了他经营的缝纫用品和可供淘金者作帐篷用的帆布来到这个竞争场。一到目的地，缝纫用品一抢而空，帆布却无人问津。这时，莱维并没有投入淘金者的竞争中，而是冷静地观察眼前千变万化的形势，静静地等待时机和灵感，他相信，机会一定会到来。有一天，他和一个矿工坐在一旁休息，矿工就跟他抱怨，说淘金工作太费衣物，没过几天，裤子就会被磨破，一条新裤子穿不了几天就只能丢了，太费成本了。莱维就想，如果有一条耐磨耐脏的裤子那问题不都解决了吗？而帆布不正是最好的布料选择吗？于是，莱维立马把矿工带到裁缝店里，让裁缝用他的帆布按照矿工的身材做出了一条既方便干活，看上去又潇洒时尚的裤子，这就是世界上的第一条牛仔裤。如今，牛仔裤已成为大众的普遍选择，不仅因为它耐磨耐脏，还因为它美观大方。如果莱维当年不“隔岸观火”，在混乱局势中也随大流，亦步亦趋，不静观其变化，那么他也不会成为“牛仔裤大王”了。

“隔岸观火”与“坐山观虎斗”的意思相近，两者都是抱着袖手旁观的态度，遵循自己的独特见解，采取按兵不动的办法，让对手互相残杀，待他们都力量削弱时，再从中取利。在日常生活中若想攻克此计，我们首先要认清敌人和朋友，团结朋友，隔离敌人，不为了一点小利益而同室操戈，即使内部发生了矛盾，也要及时醒悟并停止争斗，把注意力放在共同的敌人身上，以防止那些看热闹的人获得渔人之利。

第10计　笑里藏刀——“藏”

人们常说“眼睛是心灵的窗户”，从眼睛里就能看出一个人的内心藏着多少欢乐和悲伤。但是在孩子清澈明亮的眼睛里，我们却看不到世间的尘埃，看不到人间的冷漠，也看不到一丝心机和恶意。因为在孩子的眼里，世界是美好的、单纯的，充满希望的，他们可以想笑就笑，想哭就哭。如果能一直是孩子那该有多好！可是，我们阻止不了岁月的流逝，长大后的我们不会再像孩子那样把自己的喜怒哀乐暴露在外，学会了偷偷地藏好自己的日记，藏好自己的心情，藏好自己的眼泪，还学会了藏私房钱，藏不能说的秘密，藏不愿倾诉的心事，我们的心想有多大就可以有多大，想藏什么都可以，即使不愿藏了，也可以拿出来，腾出空间来藏新的东西。但需要提醒的是，必须保证心里藏的都是无公害的东西，万万不可以“笑里藏刀”，去做欺骗他人和伤害他人的事情。

根据现有的出土文献和传世文献，未见“藏”字的甲金文字形。在楚竹简中，“藏”字写作，有异体，写作，两字皆从贝。在《古文字诂林》中，商承祚释此字即为“臓”，从贝臧声。臧从口，与金文鉨（同“玺”）文同，自汉代后，改部件“口”为“臣”，作“臧”，而“臧”字不再用。此外，他还说，臓字从贝，有藏贝意，为“藏”之初体。由此可见，楚简中的是汉以前的“藏”的字形，而汉以后通作“臧”，后来又在“臧”字的基础上加了“艸”字，才是我们今天所看到的“藏”字。关于用“臧”字来表示“藏”的意思，我们可以从汉文献中找到一些例子，如《汉书·食货志上》有：“春耕夏耘，秋获冬臧。”又如《汉书·礼乐志》中：“今叔孙通所撰礼仪与律令同录，臧于理官。”颜师古注：“古书怀藏之字本皆作臧。”

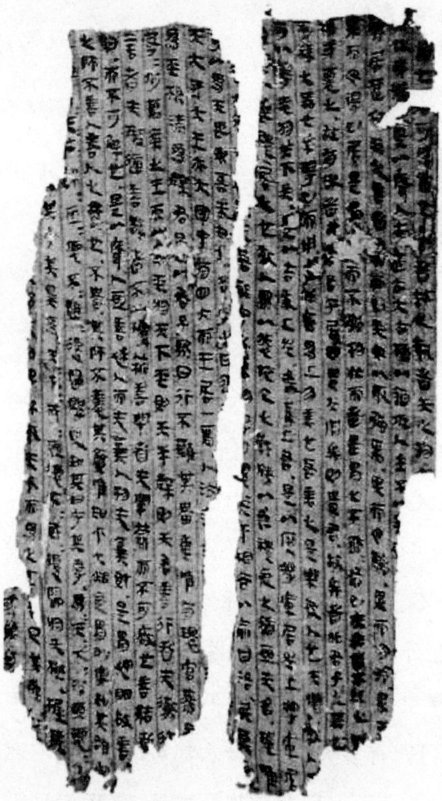

《马王堆汉墓帛书》之《老子》甲本片段

引自《马王堆汉墓帛书》整理小组《老子甲本及卷前古佚书 马王堆汉墓帛书》首页 文物出版社 1974年9月

古钵（同“玺”）中的“藏”字已经与现在我们看到的藏字有点相像了，作“”，《流沙简·屯戍·一五·一〇》中的“藏”字作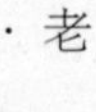，西汉《马王堆汉墓帛书·老子甲本卷后》中的“藏”省略了部件“丬”作，西汉

《居延新简》中的“藏”字有作之形的，也有省略部件“爿”，作之形，小篆“藏”作。

许慎在《说文解字 · 新附字 · 艸部》中释“藏”为“匿也”。《论语 · 述而》中：“用之则行，舍之则藏。”《史记 · 秦始皇本纪》：“天下敢有藏《诗》《书》、百家语者，悉诣守、尉杂烧之。”《吕氏春秋 · 察今》：“见瓶水之冰，而知天下之寒，鱼鳖之藏也。”这三个例子中的“藏”字皆用为本义“藏匿”。后来，“藏”又引申为“收存”之义，如《周礼 · 天官 · 宰夫》：“五曰府，掌官契以治藏。”郑玄注：“治藏，藏文书及器物。”又如宋代苏轼的《后赤壁赋》：“我有斗酒，藏之久矣。”此外，“藏”又引申为“怀”之义。如《易 · 系辞下》“君子藏器于身，待时而动”中的“藏”即用为此义。

除了用作动词，“藏”还可引申用来表作名词。需要注意的是，用作动词时，藏读为“cáng”，而用作名词时，藏读为“zàng”。如《史记 · 平准书》：“山海，天地之藏也”，其中的“藏”为“宝藏”之义。再如《淮南子 · 原道》中：“夫心者，五藏之主也”，其中的“藏”表示名词“内脏”。后来为了区别字形，我们就在“藏”字的基础上加上义符“月”，专门来表示“内脏”之义，今天简作“脏”字。

“笑里藏刀”是三十六计中的第十计。此计名的由来可追溯到唐代诗人白居易的诗作《无可度》：“且灭嗔中火，休磨笑里刀，不如来饮酒，稳卧醉陶陶。”这首诗是白居易对唐代李义府品性的讽喻，说这个人“笑中有刀潜杀人”。关于李义府的“笑里藏刀”，《旧唐书》中也有相关记载：“义府貌状温恭，与人语必嬉怡微笑，而褊忌阴贼。既处权要，欲人附己，微忤意者，则加倾陷。故时人言其笑中有刀。”

“笑里藏刀”的原意是指脸带笑容而心有杀机，形容表面上和善其实内心凶狠。此计经常被运用到古代军事中。三国时期，荆州是兵家的必争之地。当时关羽镇守荆州，而孙权对此地早有夺取之心。不久之后，关羽发兵樊城，并留下重兵驻守公安、南郡，保卫荆州。孙权的手下吕蒙认为此时是攻占荆州的最佳时机。但由于他有病在身，就建议青年将领陆逊接替他的职位，驻守陆口。陆逊一上任，便给关羽写了一封信，信中极力吹捧关羽，称他功高威重，可与晋文公、韩信等人齐名，并且他还大肆贬低自己，说自己年轻无为，请关羽多加指教。关羽为人骄横自负，读完陆逊的信，仰天大笑："无虑江东矣。"于是便放心地从驻守荆州的军队中调出大批人马来一心攻打樊城。而此时，陆逊已经暗地里向曹操通报了关羽的行踪，双方约定一起夹击关羽。大将吕蒙也带着精锐部队突袭南郡，南郡失守。关羽闻讯赶回，但为时已晚，孙权大军已经占领荆州。由此可见，不能轻易听信敌方的甜言蜜语，因为这背后很可能暗藏着杀机。不然就会后悔莫及，自食其果。

关羽大意失荆州

引自《三十六计智慧新解（经典珍藏修订版）》第93页 韦明辉 地震出版社 2011年7月

在西方，也有关于施“笑里藏刀”之计的故事，如《圣经·新约》中记载的犹大出卖耶稣就是其有名的故事之一。犹大是耶稣的十二门徒之一，他是个贪图钱财的人，在耶稣这里得不到好处就决定暗地里出卖耶稣。为了能获取宗教领袖的钱财和欢心，有一天他就去见了祭司长，并对祭司长说：“如果我把耶稣交出来，你们能给我什么好处？”祭司长便拿了三十块银币给他，犹大非常高兴。从那时候起，犹大就找机会出卖耶稣。有一天，祭司长派人来捉拿耶稣，犹大事先就跟他们说好：“我去吻谁，谁就是你们想要的人。”于是，当犹大一见到耶稣，就走到他跟前，假装对耶稣表示亲切，说：“老师，你好。”然后还吻了他。祭司长的人收到暗号后，立即上前抓住了耶稣，这就是不安好心的“犹大之吻”。

其实，生活中的每个人都是有虚荣心的，谁都喜欢听阿谀奉承的好话。然而面对这种糖衣炮弹似的计谋，我们一定要警惕那些莫名其妙主动亲近的人，察言观色，看清他们的真实目的。不然陷进了蜜缸，再想爬出来就很难了。就像《论语·学而》中说的“巧言令色，鲜矣仁”，意思是说善于花言巧语，装出和颜悦色的样子，这种人是很少讲仁义道德的。对于这种人，我们千万不能完全相信他们，而应该戒骄戒躁，擦亮双眼，增强应付那些花言巧语的免疫能力，不被对方的笑容和甜言蜜语所麻痹，以防他们明里赔笑，暗里动刀。

第11计　李代桃僵——“代”

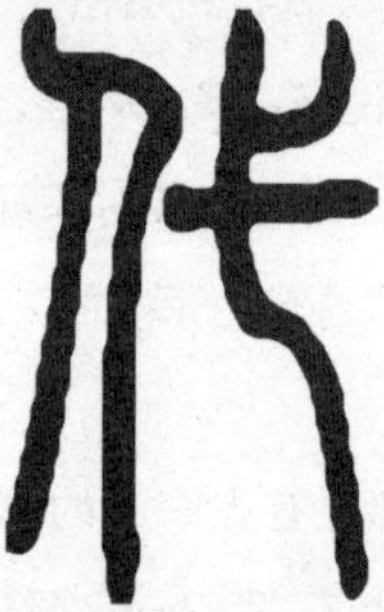

随着时代的进步，科技的日新月异，手机的更新换代就如天气变幻一样快。得益于智能手机的普及，微信朋友圈、MSN、陌陌等聊天软件的加入，人们的交流就越加便利，我们随时随地都可以看到我们所关注的人在做什么，或将要做什么。这看似拉近了人与人之间的距离，其实在一定程度上也疏远了人与人之间的心灵距离。

记得有一天，有个朋友约了我和另外几个朋友一起吃饭，几年没见的朋友应该是有很多体会要分享才对，没想到大家互打了招呼，拍了几张合影以后，就各自旁若无人地玩起了手机，都成了默默的低头族。微信、微博、陌陌的刷新声和按键声代替了我们当年的欢声笑语。那一刻，我在想，这或许是时代进步的悲哀吧。手机及其软件的更新换代，确实给我们带来了不少便利，但其代价也是相当大的。比如或多或少影响了我们与朋友、与亲人之间

石鼓《吴人》
引自《石鼓文鉴赏》第5页 尹博灵 江苏教育出版社 1992年7月

的面对面的交流，加大了青年一代与老年一代之间的“代沟”。

但是，我们阻止不了时代的步伐，也很难避免时代进步给我们带来的创伤，我们能做的就是顾全大局，权衡两者的利弊，“李代桃僵”，用牺牲小部分人的利益来换取社会的进步。

根据现存的传世文献和出土文献，甲金文中未见“代”字。《石鼓文·吴人》中的“代”字作之形，《包山楚简文字编》中“代”的右边部件写成“戈”，作，《睡虎地秦简文字编》中“代”与我们今天的楷书已经基本一样了，作或，《马王堆汉墓帛书·战国纵横家书》中的“代”作，《汉印文字征》中的“代”作、，小篆“代”作。由此可见，从春秋石鼓文到所见到楷书，“代”的构形基本没有变化。

楚简中有假借“弋”来表示“代”的例子，如《上海博物馆藏战国楚竹书二·容成氏》简50:“成悳（德）者，虗（吾）敚（说）而弋（代）之。亓（其）

即（次），虘（吾）伐而弋（代）之。”另外，裘锡圭也在他的文章中提出“弋”在某些时候可以用为“代”。如他在《释柲》附《释弋》一文中列举了甲骨文中各种“弋”写法与用例，指出所引卜辞的“弋”字都是动词，并且往往用在两个人名或国族名之间，它们似乎应该读为替代的“代”。其格式多为“令×代×”，或“乎×代×”，此外，他还引曾运乾《尚书正读》之《立政》中的说法：“式商受命”中的“式”应读为“代”，而《尚书多士》：“非我小国敢弋殷命”中的这个“弋”字很可能读“代”。

黄盛璋在《新发现之三晋兵器及其相关的问题》一文（《文博》，1987年第2期）中有不同的看法。他认为“弋”是“代”的初文，最初只有“弋”，加形旁木、人、邑等旁都属后起字。初文的“弋”就是象木橛形。《说文》：“弋，橜（橛）也。象折木衺锐者形。”“弋”字的甲骨文有几种不同的写法，皆象削木棍析其首而斜锐的1形，用以扶地或物。这种看法指出“弋”和“代”之间不仅仅是假借关系，而是“初文”与“后起字”的关系，值得我们进一步研究和商榷。

《说文解字·人部》中释“代”为“更也”。段玉裁注：“凡以此易彼谓之代。”也就是说，“代”的本义是“替代、更替”。如《尚书·皋陶谟》中：“天工人其代之。”《世说新语·容止》：“魏武将见匈奴使，自以形陋，不足雄远国，使崔季珪代。”以上两例中的“代”用的都是本义。在本义的基础上，“代”又引申为“交替、轮流”之义。徐锴在《说文系传》中说：“代，迭代也。”段玉裁在《说文解字注》中进一步解释道：“次第相易谓之递代。”如《楚辞·离骚》中“日月忽其不淹兮，春与秋其代序”中的“代”就是“交替”之义。除了用作动词，“代”还可以引申用作名词，表示“世代、年代、时代”之义。如《论语·八佾》：“周监于二代，郁郁乎文哉！”《孟子·滕文公上》：“夏曰校，殷曰序，周曰庠，学则三代共之。”张若虚《春江花月夜》：“人生代代无穷已，江月年年只相似。”

成语“李代桃僵”中的“代”用的是“代”的本义“替代”。“李代桃僵”是三十六计中的第十一计。此计语出自《乐府诗集·鸡鸣》:“桃生露井上,李树生桃旁。虫来啮桃根,李树代桃僵。树林身相代,兄弟还相忘?”“李”和“桃”分别指李树和桃树,“僵”是干枯的意思。原意是指李树代替桃树受虫蛀,比喻为顾全大局,牺牲小的利益来获取更大的利益,这是一种舍小保大的计谋。

采用此计谋比较典型的故事如“田忌赛马”。战国时期,齐国大将田忌经常和齐威王及王子们举行赛马活动。田忌的马在总体上劣于他们的马,但各等马的足力相差并不多,总是输多赢少。一天,孙膑陪着田忌一起去赛马,孙膑建议田忌:用自己的下等马对王子的上等马,用自己的上等马对王子的中等马,最后用自己的中等马对王子的下等马。田忌听从了这一锦囊妙计,果然以三局两胜赢得了比赛。在这场比赛中,孙膑将“李代桃僵”之计用得恰到好处,以部分小的牺牲取得了总体上的大胜利。

田忌赛马,孙膑献计

引自《三十六计:白话通解 智谋故事 绘画本》第79页 儒墨,准之 编 山西人民出版社 1991年12月又如三国时期的诸葛亮为了西蜀的安定也曾用过此计。那时曹操平定了汉中，对刚刚攻占了成都的蜀国造成了很大的威胁。诸葛亮分析了当时的战略态势，于是向刘备献计说，要摆脱这种局面，我们现在最重要的是要争取与吴国联盟，这样就能摆脱两面受敌的窘境。我们可以割让江夏、长沙、桂阳三郡，将其归还吴国，然后派人到吴国讲清曹军攻成都的利害，劝说吴国出兵攻打驻扎在合肥的曹军，这样就能牵制住曹军，让曹军转向南攻。刘备按照诸葛亮的计谋写好书信、备好厚礼给吴国送去，吴国的孙权果然立马就答应了，然后亲自率领十万大军攻打曹军，解除了蜀国即将面临的灭顶之灾。诸葛亮用“李代桃僵”之计，牺牲了三郡的“李”，保全了蜀国的“桃”，不但解了蜀国之围，也缓和了孙权与刘备之间紧张的关系，可谓一举两得。这些历史故事为我们为人处世提供了一条重要规律：要从全局着眼，善于统筹，采取出奇制胜的计谋，为了取得全面的胜利，可以做出某种让步。

在我们现实生活中，欲要破“李代桃僵”之计，一定不能心软，不能仁慈，要学会用拒绝来保护自己，不成为别人玩弄于手中的“李”。俗话说“人善被人欺，马善被人骑”，不做无原则地承担别人过错的事情，对别人强加在我们头上的罪责，我们要学会反抗。不强忍不白之冤，不成为别人的挡箭牌、替罪羊，不然自己的无谓牺牲，反为他人提供了获益的机会。

第12计　顺手牵羊——“牵”

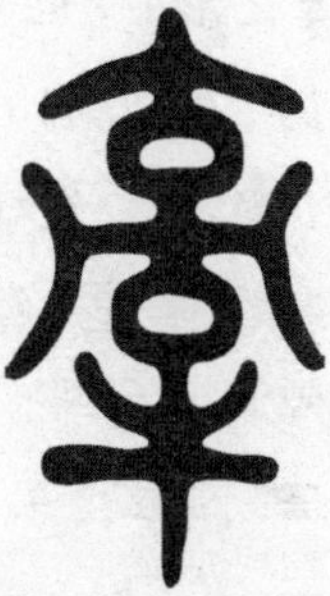

小时候，外婆家养了好几只羊，每到放学时候，我都要和外婆一起去牵羊回家。羊很乖，每次一看到我们，就“咩咩”地跟我们打招呼。一路上，我牵着羊，外婆牵着我的手，哼着小曲，走在被夕阳染红的小路上，这是童年最美的回忆。现在外婆已经将近80岁了，步伐仍然稳健，但走路时我依旧喜欢牵着她的手，因为被自己所爱的人牵着，是一种幸福的感觉。

“牵”的繁体字形作“牽”，有学者认为甲骨文中的（《甲骨文合集34675》）是“牵”的本字。李孝定在《甲骨文字集释》中把此字收入【存疑】，说这个字与“羁”之作者结构法相同。并且这个字表示的动作与牛有关。并自注云：縻训牛辔，此字之意或当与之相近。这样的解说有一定的道理。我们从字形上分析此字，实由三个形体构成，从牛从从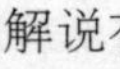，牛写作。在甲骨文中，也可写作或，当即糸字。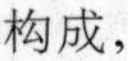的本义是指围绕周帀，在

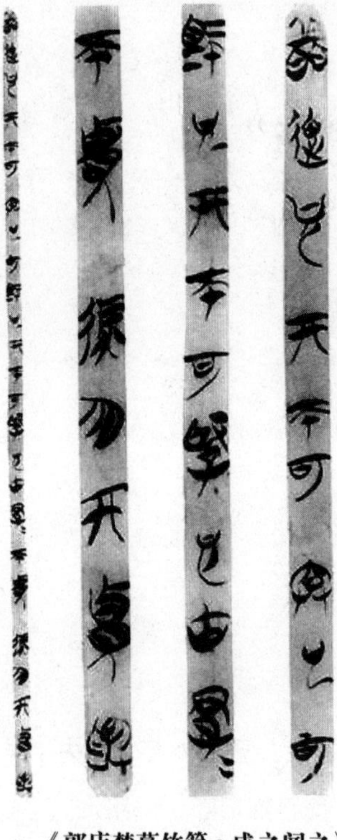

《郭店楚墓竹简·成之闻之》局部

引自《郭店楚墓竹简 成之闻之》第16页 《简帛书法选》编辑组编 文物出版社 2003年6月

这个字形中应取围而缚之之义。综上所述，甲骨文字从牛从从糸，字与牛相关，其牛则以绳缚而约束之。字又寓以糸运车之义，此字当可以表示牵的本义。

《睡虎地秦简文字编》中的“牵”有作之形的，也有的写作，西汉《张家山汉简·奏谳书》中的“牵”字有作之形，也有作之形。《汝阴侯墓·二十八宿圆盘》中的“牵”作，《居延简甲·一九六六》和《西陲简·五四·一二》中的“牵”分别简写成、。东汉《熹平石经〈易〉残石（背面）》中的“牵”作。战国楚简中有假借“孯”为“牵”的情况，如战国《郭店楚墓竹简·成之闻之16》中的“牵”作。小篆“牵”作。

《说文解字·牛部》释“牵”为“引前也。从牛也，象引牛之縻也，玄声”。从上面我们对“牵”的字形分析可知，“牵”的本义应该是用绳拴住牛往前走的意思，而许慎解释的“引前”义应当是该字的引申义。如《孟子·梁惠王上》：“牵牛而过堂下者。”白居易《卖炭翁》：“回车叱牛牵向北。”这两个例子中的“牵”都用为本义。后来，“牵”在本义的基础上又引申为“引前、拉”之义。如唐代杜甫《兵车行》中的“牵衣顿足拦道哭，哭声直上干云霄”中的“牵”即为此义。此外，“牵”还可引申用来表示“牵连”“牵制”等义。如《文选·张衡〈西京赋〉》：“夫人在阳时则舒，在阴时则惨，此牵乎天者也”，其中的“牵”为“牵连”之义，《楚辞·招魂》：“……主此盛德兮，牵于俗而芜秽。”其中的“牵”为“牵制”之义。除了用作动词，“牵”还可引申用作名词，表示“牛、羊、豕等牲畜”。如《左传·僖公三十三年》：“吾子淹久於敝邑，唯是脯资饩牵竭矣。”杜预注：“牵谓牛、羊、豕也。”那么为何牵可以表示这些牲畜呢？孔颖达疏中有明确的解释：“牛、羊、豕可牵行，故云牵谓牛、羊、豕也。”

在生活中，我们可以牵手，可以牵衣角，但“顺手牵羊”就不好了。根据我们上文对“牵”字的分析，“牵”的部件之一是“牛”，照理说“牵”的是“牛”才对，为什么顺手牵的却变成羊了呢？

据说在很早以前，羊就被作为一般等价物，充当商品交换的媒介，通俗来说，羊在很早以前就是“钱”。为何先民会选择羊作为一般等价物呢？那是因为羊食草，便于饲养；羊肉味美，价格适中，此外，还因为羊是一种温顺的动物，只要稍稍牵它一下，它就会随你而来。这就是“顺手牵羊”的由来，而非顺手牵猪、牛、狗等动物。

羊首鼎

引自《中国青铜器图录（上）》第107页 李建伟 牛端红 编著 中国商业出版社 2000年5月

“顺手牵羊”作为三十六计中的第十二计，此计出自《草庐经略·游兵》：“伺敌之隙，乘间取胜。”在我国广为流传的一则民间故事，道出了顺手牵羊的计谋：有一人去偷牛，被人察觉后送至官府。法官问他为何偷牛，他辩解道：牛不是我偷的。当时我看到地上有根绳子没人要，我觉得可惜，就想把绳子捡回家。谁知道绳子那头拴了一头牛，是牛自动跟我回家的，不是我偷的。这则故事与顺手牵羊是一个道理，正所谓“自动送上，却之不恭”。

“顺手牵羊”用在军事上是指利用敌方的间隙和薄弱之处，来获取胜利。在中国历史上，有很多顺手牵羊的战例。公元前354年，魏惠王准备进攻北面的赵国。由魏将庞涓率领的精锐部队不费吹灰之力便包围了赵国的都城邯郸。赵国无力应战，求救于楚国。楚王对于要不要救赵拿不定主意，便试问谋士们的意见。楚相昭奚认为不宜出兵，待魏赵两国两败俱伤后坐收渔利。景舍反对他的做法，并提出以救赵为名来削弱赵魏的实力，并顺手牵羊，为楚国谋利的计划，得到了楚王的赞赏。于是，景舍便带着少量人马，打着救赵的旗号，进入了赵国。但这并没有阻止庞涓的进攻，七个月后，庞涓最终攻克了邯郸。这时，传来齐国要派一支军队进攻魏国都城的消息，庞涓得知立马从赵国撤兵回国，没料到在半路上被齐军打得落花流水。在这场战争中，魏国和赵国都受到重创，而楚国正是抓住了这一大好时机，轻松地“顺手牵羊”，占领了部分赵国领土，实现了最初的计划。

“顺手牵羊”之计运用在社交过程中也可以带来意想不到的效果，真正的高手在顺手牵羊时可以牵得理所当然，不留一点痕迹。三国时期，东吴孙权有个谋臣叫诸葛谨，字子瑜。他因为脸长得很长，所以被人戏称“驴脸”。有一天，孙权设宴招待群臣，喝到微醺时，孙权派人拉来一头驴，上面贴着“诸葛子瑜”的字条，并对群臣说，这就是诸葛谨。在场的看罢都哄堂大笑。诸葛谨的儿子诸葛恪见到自己的父亲受到如此羞辱，心中非常气愤。于是，他走到孙权面前，跪下请求孙权同意他再添两个字。孙权想看看他玩什么花样，便答应了。只见诸葛恪在“诸葛子瑜”之后添了“之驴”两个字，然后牵起驴就往家里走。孙权看了顿时无话可说。诸葛恪就是巧妙地运用了“顺手牵羊”之计，既替父亲解了围，还正大光明地捡了一头驴。

那么，在现实生活中，我们应该怎样防范被“顺手牵羊”呢？最主要的是要做好周密的计划，落实防范措施，以免出现漏洞让对方有可乘之机。然而，一旦有了漏洞，也要及时加以补救，不要存有侥幸心理，懒得弥补，因为“亡羊补牢，未为晚也”。此外，我们还需要有敏锐的洞察力，一旦发现有靠近“羊群”的人，就要提出警告并严加防备。

【攻战计】

【第13计　打草惊蛇——“惊”】

曾经看过一个笑话：一天，老师布置了一道回家作业给三年级的小学生，用“大吃一惊”造句。小明的作业内容是这样的：“今天，我在学校门口看到一坨牛屎，大吃一斤。”估计是他上课开小差了，竟然粗心地把“惊”错写成了“斤”。老师哭笑不得，并附上评语：“小明，你吃饱没？”如果老师布置的作业是用“打草惊蛇”造句，估计小明就不会把“惊”写成“斤”而闹这样的笑话了吧。

根据现存的文献材料，甲骨文、金文中未见“惊”字。惊的繁体字作“驚”，从马敬声，小篆字形作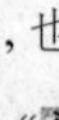，《秦印文字汇编》中的“驚”作，西汉《马王堆汉墓帛书》中的“驚”作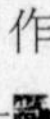，也有作之形的。《居延新简》中的“驚”作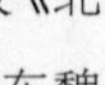，也有笔画较为简略的，写作“”。《汉印文字征》中的“驚”作，东汉《北海相景君碑》中的“驚”作，北魏《元继妃石婉墓志》中的“驚”作，东魏

《元悰墓志》中的“驚”作，北齐《云门寺法懃塔铭》中的“驚”作，唐代《宫官司设墓志》中的“驚”作。由此可见，“驚”字从古至今形体都没有什么变化。直到二十世纪，为了书写便利，“驚”才简化成今天我们使用的简体字“惊”。

《说文解字》中释“惊”为“马骇”。意思就是马受到某种刺激后情绪紧张，行动失常，惊恐不安。如《战国策 · 赵策一》中：“襄子至桥而马惊。”又如《史记 · 袁盎晁错列传》中：“如有马惊车败，陛下纵自轻，奈高庙、太后何？”

在本义的基础上，“惊”又引申用为与人相关的或与其他事物相关的惊恐、惊异等心理活动。如《楚辞 · 招魂》：“宫廷震惊，发激楚些。”王逸注：“惊，骇也。”再如《庄子 · 达生》：“梓庆削木为鐻，鐻成，见者惊犹鬼神。”这里的“惊”为“惊异”之义，梓庆雕削巧妙，不像人工所作，看到的人都非常惊

《诗经 · 小雅 · 车攻》中描述的“徒御不惊”场面

引自《诗经三百首鉴赏大全集》第223页 沐言非 编著 中国华侨出版社 2012年6月

异，赞叹这是鬼神所作。《列子·杨朱》："其所行也，其所为也，众意所惊，而诚理所取。"这个例子中的"惊"也是"惊异"之义。此外，"惊"还可引申用来表示"惊动，震动"之义。如李白《猛虎行》："旌旗缤纷两河道，战鼓惊山欲颠倒。"另如清代方拱乾《九日》："目断天无极，风高沙自惊。"

由于"惊"的繁体字形"驚"与"警"读音和形体都差不多，因此，"驚"经常假借用来表示"警"，如《诗经·小雅·车攻》："徒御不惊（驚），大庖不盈。"孔颖达疏："言义相警戒也。"再如《墨子·号令》："卒有惊（驚）事，中军疾击鼓者三。"孙诒让间诂："驚，读为警。"

成语"打草惊蛇"中的"惊"为"惊动"之义。"打草惊蛇"是三十六计中的第十三计，语出宋代郑文宝《南唐近事》。书中记载了一个叫王鲁的县官，他生性爱财贪财，贪污受贿，他手下的人也都跟着效仿。百姓们怨声载道。一天百姓们联状告发他手下的主簿贪污及其他违法行为，他看了之后，心生恐惧，生怕自己也被揭露，不由自主地在状纸上批了八个字："汝虽打草，吾已惊蛇。"意思是说，你们打的虽然是草，但像我这种躲在草里的蛇一样也受到了惊吓。

这一计用在军事上，表示通过侦察性的佯动，逼迫隐藏着的对手显露，然后再采取早有准备的行动。举个例子。徐庶是东汉末年有名的谋士。他听说刘备是一个品德高尚，爱惜人才的人，就很想投靠他。在投靠之前他想试探一下刘备是不是传说中的那么贤明。一天，徐庶发现刘备正在看自己的坐骑，于是走上前去恭敬地对刘备说："我以前也学过一点马术，让我来看看您的马。"刘备就派人把马牵过来在徐庶面前遛了几圈，忽然徐庶惊讶地说："你这千里马好是好，但是将来却是要伤人的。"刘备不以为然，说："我这马救过我的命，伤不伤人与马没有关系。"徐庶故意说："但这马日后肯定要伤一个人的。这样吧，你可以把这匹马送给你痛恨的人，伤害了他之后你再骑就不会

相马图
引自《三十六计经典故事》第121页 纪江红 编 北京出版社 2005年7月

有问题了。”刘备听了之后，非常生气，说：“我是希望你给我讲些道理的，不是让你来教我害人的。”徐庶一听此话，连忙道歉并解释道：“我一直听说您是一位贤明之主，刚刚这番话是用来试探您的，果然正如大家所说的。”从此之后，徐庶就尽心尽力地辅佐刘备，还把诸葛亮推荐给了刘备，为刘备开创能与曹操、东吴成三分天下的鼎足之势立下了汗马功劳。在这则故事中，徐庶在不了解刘备真实人品的情况下，利用“打草惊蛇”之计，采用明试马暗试人的手段，诱使对方在情急之下暴露真实的品性，这是相当巧妙的。

在商战中，面对变幻莫测的市场，同样也需要“打草惊蛇”来引人注目，推销自己的商品。比如早在1915年巴拿马万国博览会上，中国茅台酒的参展人员就运用了这一计，让茅台酒在全世界出了名。那个时候，中国的各种名酒，在质量上是无可挑剔的，但在包装设计上简陋呆板，貌不惊人，确实该自惭形秽。那么怎么样才能在有限的时间里及时吸引各地酒商的眼球，让他们知道茅台色香味俱全呢？参展人员急中生智，想起打草惊蛇一计，“砰”的一声，故意把一瓶茅台酒打碎在地。顿时，酒香四溢，各国评酒专家都闻香而至，连连称赞：“好酒！好酒！”从此，中国的茅台酒就闻名世界了。

近几年，我国的反腐倡廉工作效果显著，一些大老虎纷纷落马或落荒而逃，但天网恢恢疏而不漏，他们逃得了和尚逃不了庙，躲得过初一却躲不过十五。政府大幅度的打草惊蛇、抓蛇行动深得人心。“打草”的目的是为了“惊蛇”，引蛇出洞，若惊不了蛇，打草也是枉然。因此，“打草”不能乱打，而应该在了解了“蛇”的方位、环境和习性后再抓住时机“巧打”，然后再狠狠地打。那么，那些心里有鬼的、按捺不住性子的人才有可能暴露出马脚，自投罗网。然而对于那些光明磊落的人，再怎么打也是惊不到他们的，正所谓“身正不怕影子斜，脚正不怕鞋子歪”。

【第14计 借尸还魂——“魂”】

小时候经常看到村里有道士做法事，给病人“招魂”，据说这样就能驱除人身上不干净的东西，帮助人们驱除病痛。道士会表演各种绝活，如徒手伸进沸腾的油锅，赤脚踩在烧得很旺的炭火上，还有口吐烈火等等，显得神乎其神，看得人毛骨悚然。那么，人真的有灵魂吗？关于这个问题，美国有位博士曾在一家医院做过一个特殊实验，后来又做了一系列的验证，得出的结论是：病人在死去的一瞬间，会失去10.6克至42.5克的重量，这似乎说明，除了灵魂离开了人身之外，没有其他更好的解释。然而人到底有没有魂，这是一个科学无法解释的东西，因为大千世界无奇不有，不是所有的现象和事物都能用科学来解释的。

根据现存的文献，甲金文中未见“魂”字。小篆字形作“魂”，东汉《淳于长夏承碑》中的“魂”作，东汉《苍山元嘉元年画像石墓题记》中的“魂”

作，北魏《元倪墓志》中的“魂”作。东魏《王僧墓志》中的“魂”的“鬼”部件少了一撇，作，隋代《任轨墓志》、唐代《崔公妻李氏墓志》中的“魂”也是如此，作、。还有“魂”为上下结构的字形，如北魏《元端妻冯氏墓志》中的“魂”作，隋代《范安贵墓志》中的“魂”作。

“魂”字是个形声字，从鬼云声，形符“鬼”出现得比较早，并且形体各异。如《甲骨文合集137》中的“鬼”作，象跪着的鬼之形，《甲骨文合集203》中的“鬼”作，象正面站立的鬼之形，《甲骨文合集8592》中的“鬼”作，象侧面站立的鬼之形。《说文解字》中说“鬼阴气贼害”，也就是说“鬼”是一种带有阴气的祸害，而《说文解字》中说“魂”是“阳气也”。由此可见，“魂”虽与“鬼”有关，但却与“鬼”的性质完全不同，用中国的阴阳五行学说来说，它们存在于不同的时空中。

我国古代先民认为，“人生始化曰魄，既生魄，阳曰魂。”意思是，人一生下来首先变成“魄”，阳气附身叫做“魂”，只有作为“阳气”的“魂”附身了，人才能活，而“魂”离身则人亡。由此看来，人活着的前提是“魂”附于身。

汉古文献中关于“魂”的记载有不少，如《周易 · 系辞上》：“精气为物，游魂为变。”《礼记 · 檀弓下》：“骨肉归复于土，命也。若魂气则无不之也，无不之也。”屈原的《楚辞》中，“魂”出现得更加频繁，如“身既死兮神以灵，魂魄毅兮为鬼雄”“昔余梦登天兮，魂中道而无杭”“羌灵魂之欲归兮，何须臾而忘反”“惟郢路之辽远兮，魂一夕而九逝”，等等。《庄子 · 齐物论》中有：“其寐也魂交，其觉也形开。”由于“魂”与人的肉体是分开来的，是人的精神意识的一部分，因此“魂”可引申表示“精神、神志”之意，如《吕氏春秋 · 禁塞》“……费神伤魂”，《南齐书 · 文学传论》“……倾炫心魂”，又如我们现在用来形容人萎靡不振、精神恍惚的“失魂落魄”“神魂颠倒”等等。此外，“魂”还专门用来表示某种高尚的精神境界，如红岩魂、中华魂、民族魂、国魂等等。

屈原像

引自《屈原》封面 孙玉莹 著 光明日报出版社 2009年5月

“借尸还魂”是三十六计中的第十四计。此计语源于古代一则神话传说：从前有个叫李玄的人，长得英俊潇洒，又精通于求仙之道。太上老君见其机智灵慧，便收他为徒，传授其长生不老之术。一天，李玄应太上老君之邀，魂游于太空，但是他的肉体却只能留在凡间。临行前，他嘱咐他的徒弟一定要看护好自己的肉体，七天就回来。如果他七天还没回来，说明他已经成仙，到那时才可以将他的肉体火化。徒弟很听话，一直都精心守护着师父的尸体。可到了第六天，徒弟忽然接到母亲病危的消息，在进退两难之际，他还是选择了尽孝道回乡为母送终，于是便匆忙将李玄的尸体火化后回家了。到了第七天，李玄魂游归来，四下找不到自己的尸体，魂无所依，情急之下，李玄便将灵魂附在了一个乞丐的尸体上。借尸还魂后的李玄，蓬头垢面，衣衫褴褛，而且一条腿还跛了。为了支撑行走，李玄对着乞丐的竹杖喷了一口仙水，竹杖立刻变成了铁杖，李玄也因此被称为“铁拐李”。从这则民间传说可以看出，“借尸还魂”的原意是指人死后灵魂可以借别人的尸体复活，后来比喻已经死亡的东西，又借助某种形式复活。

这一计用在军事上，是指利用、支配那些无所作为的势力来达到己方目

铁拐李“借尸还魂”
引自《三十六计经典故事》第129页 纪江红 编
北京出版社 2005年7月

的的策略。三国时期，赤壁大战之后，刘备的势力逐渐壮大，在占领了荆州之后，又打算占领地理位置优越、资源丰富的四川。但是曹操统一中原的决心已定，虎视眈眈，刘备和孙权一直都没有机会下手。公元215年，曹操进攻汉中，益州刘璋生怕曹操会进攻四川，于是请刘备来援助。这正中刘备下怀，暗自欣喜，心想：这不正是我进军四川的大好时机吗？于是他派关羽留守荆州，亲自率兵万人进入益州。一日，刘备接到荆州来信，说曹操兴兵征讨孙权，孙权向刘备求助。刘备请刘璋给自己三万士兵及军事物资，可是刘璋怕削弱自己的军事力量，只许诺出四千兵力和有限的物资。刘备立马趁机抓住刘璋这个把柄大骂刘璋不尽如人意，于是便向刘璋宣战。刘璋根本不是刘备的对手，几场仗打下来，刘璋已经势单力薄。没过多久，刘备便如愿以偿地占据了益州。刘备就是借刘璋这个“尸”，以助刘璋抗曹为名，进驻益州又占领了益州，扩充了自己的势力，为蜀国的建立打下了基础。

“借尸还魂”之计在我们现实生活中也运用得非常广泛。聪明的人往往会借助别人看来不能用的人或物来为己所用，从而得到神奇的效果。比如语言艺术中的幽默感在处理人际关系中就可以达到“借尸还魂”的效果。幽默的语言往往能给人以轻松的氛围，可以化解言谈中的困境和尴尬的场面，是缓解人与人之间紧张关系的润滑剂。许多进行幽默创作的大师在生活中也不乏幽默。举个例子。英国著名戏剧家萧伯纳有一次在路上不小心被一个骑自行车的人撞到，那个人惊吓不已，连连道歉。萧伯纳却说：“先生，其实你比我更不幸啊，因为如果你速度再快一点，你就可以作为撞死萧伯纳的好汉而名垂青史啦！”萧伯纳幽默风趣的语言不仅让对方摆脱了困境，也树立了萧伯纳在人们心中宽以待人的好形象。虽然幽默并不是每个人都能具备的素质，但实践证明，幽默这种“软”武器往往比动粗这种“硬”武器要厉害得多。

当代社会适者生存，优胜劣汰。有时候我不犯人，人也会来犯我。若他人对我们施行“借尸还魂”之计时，为求自保，我们需要采取以下措施加以防范：一、斩草除根，免得来年“春风吹又生”；二、弃“尸”要深埋，省得对手注意到有可借之“尸”；三、由表及里，看清本质，及时识破对方的皮囊，揭露其真实面目；四、不为他人做嫁衣，在激烈的竞争中一旦发现自己被利用，就要立刻抽身，挫败对方的诡计。

〖第15计　调虎离山——“离”〗

《老子》中说道：“道生一，一生二，二生三，三生万物。”由此可见，世间万物皆有联系。就像花木离不开阳光，鸟儿离不开天空，鱼离不开水……再强大的事物也有制约它的环境因素，比如离开了土壤的大树就会变成枯枝败叶，离开了空气的我们就会无法呼吸，离开了大山的老虎就会失去它的野性和威猛……

“离”字出现得比较早，《甲骨文编》中收录了“离”的各种形体，如、，上面象一只鸟的形状，下面像捕鸟用的网，会鸟被捕之意。

“离”的繁体字形作“離”，在原来的字形上增加了“隹”，“隹”也是鸟的意思。如《睡虎地秦简文字编》中的“離”作，《汉印文字征》中的“離”作，西汉《马王堆汉墓帛书 · 老子甲本卷后 · 古佚书》中的“離”作，《张家山汉简 · 二年律令104》中的“離”作，小篆字形“離”作，东汉《合阳

《捕鸟者》线条示意图

引自《从〈基督变容〉到〈捕鸟者〉看中世纪绘画》第19页 孙倩 中国艺术研究院硕士学位论文 2013年

令曹全碑阳》中的“離”作，东汉《豫州从事尹宙碑》中的“離”作，北魏《邢峦妻元纯阤墓志》中“離”作，隋代《王弘墓志》中“離”作，唐代《韦埙墓志》中“離”简写成了我们现在使用的“离”，作。

许慎在《说文解字》中将“离”与“離”分别列了两个字头来解释。他释“离”的本义为“山神，兽也”。这显然是根据“离”的小篆字形“”而做出的不恰当的本义。在《说文解字・隹部》中，许慎释“離”为“黄，仓庚也”。“仓庚”就是我们现在所说的“黄莺”。虽然许慎指出了“離”的本义与鸟有关，但却没有指出“離”的确切本义。《古文字谱系疏证》中说：“甲骨文離，从离，从隹，会以网捕鸟之义。离亦声。”这个说法是非常合理的。根据我们上文列出的“离”的甲骨文字形，我们也可以看出“离”与“離”的本义都应该是“鸟遭受捕获”。如《诗经・邶风・新台》“鱼网之设，鸿则离之”，《诗经・王风・兔爰》“雉离于罗”，这两个例子中的“离”用的就是本义。后来，“离”在本义的基础上引申为广义上的“遭受”之义。如《左传・僖公二十三年》“离外之患，而天下不靖晋国”，《墨子・七患》“故国离寇敌则伤，民见凶饥则亡”，《楚辞·离骚》“进不入以离忧兮，退将复修吾初服”，等等。鸟遭受捕获，主要是触犯到了网上，因此，“离”还可以引申为“触犯”之义。如《韩非子·五蠹》“夫离法者罪，诸先生以文学取”，“离法”即犯法之义。此外，“离”还可引申为“分离”“失去”“离开”“距离”“离间”“叛离”等义，这些意义都是从鸟遭网捕，故与众鸟分离的意思中引申出来的。如《论语·季氏》“邦分崩离析不能守也”中的“离”为“分离”之义，《国语·周语下》“听淫日离其名”中的“离”为“失去”之义，《周易·乾》“进退无恒，非离群也”中的“离”为“离开”之义，《三国演义》第十六回“辕门离中军一百五十步”中的“离”为“距离”之义，《孙子·计篇》“亲而离之”中的“离”为“离间”之义，《国语·楚语上》“德义不行，则迩者骚离，而远者距违”中的“离”为“叛离”之义。

成语“调虎离山”中的“离”为“离开”之义。“调虎离山”是三十六计中的第十五计。原意是指设法使老虎离开山头。此计源出《管子·形势篇》：“虎豹托幽，而威可载也。”意思是说虎豹是兽类中最威猛的动物，当它们居住在深山中，人们就会害怕它们。虎借山势，山助虎威，山是虎赖以发挥优势的重要条件，离开这个条件，虎威就难以充分施展。俗语“虎落平阳被犬欺”说的正是这个情况。

该计用在军事上，是指要善于利用敌人的错觉，巧妙地制造各种假象，并因势利导，牵住敌人的牛鼻子，调动敌人，使敌人离开原来的占据地，以便我方袭击。春秋后期，吴国的公子光早就想除掉吴王僚，实现自己的霸业。可是，吴王僚有三个骁勇彪悍的儿子时时守卫在身边，让公子光根本无机可乘。伍子胥是个足智多谋的勇士，他看出了公子光的心思，于是便给他献了一计，他说：“楚国现在是动乱不安的时候，如果你向吴王建议趁楚国之乱对其发动进攻，吴王一定会同意的。同时，你也借口说自己的脚扭伤了，不能带兵出征，再提议让吴王的两个儿子率兵前往，他的两个儿子如此威猛，绝不会轻易放弃这样展现自己的好机会的。然后再建议他的另一个儿子去游说郑国和卫国，说服郑卫一起伐楚。这样一来，吴王赖以护身的三个儿子都不在身边，你就很容易对付了。”公子光认为这个计策很妙，于是将计就计，一切也都按照伍子胥的设想进展顺利，最后派人成功刺杀了吴王僚。公子光瞬时登基为王，也就是吴王阖闾。吴王僚的三个儿子闻讯都不敢回来，只得亡命他国。在整个事件中，伍子胥清楚认识到了敌强我弱的形势，吴王僚的三个儿子和吴王都不是好对付的，他们人多势众，就像是四只猛虎，公子光根本无法与之抗衡，只有分散他们的势力，才有可能取胜。于是，他就巧妙地用“调虎离山”之计，以“伐楚”为名，将三只老虎也就是吴王的三个儿子调走，达到群虎“分其势”的目的，这样便使虎王也就是吴王的势力大减，最终使公子光有机可乘，并顺利登上了王位。

人生也和战场一样，光靠勇猛是不行的，还需要有智慧。发挥自己的长处，尽可能地回避短处。在竞争中遇到实力比自己强的对手时不要害怕和气馁，运用“调虎离山”之计，把对方调到他们不擅长而我们却如鱼得水的领域，然后运用自己的天时地利去打击对手，这样的话，即使他是英雄也无用武

伍子胥像

引自《万里寻访伍子胥》第6页 李光荣 著 湖北人民出版社 2012年6月

之地了。当然,“调虎离山”之计作为弱者对付强者的一种计谋,把“虎”引下山显然不是一件容易的事情,需要足够的勇气和智慧。因此我们要审时度势,巧妙灵活地“调”,示假隐真,切不可弄巧成拙,弄假成真,暴露了真实目的,就会被老虎反咬一口。

反过来,如果我们是强者,是对方眼里的一只大老虎,要想不中对方的“调虎离山”之计,我们首先要加强自身的适应能力,不过分依赖客观条件,就像变色龙一样能够很快地适应周围的环境并随机应变保护好自己。其次,在对我们有利的地理条件下,我们要千方百计地诱敌来我们这里决战,不要轻易放弃和离开我们的立足之地。第三,要事先为自己留好归路,并严加保护,这样的话即使被“调”了出去,还可以及时回来东山再起。

【第16计　欲擒故纵——“纵”】

不知道大家有没有做过一个简单的实验：一把沙子握得越紧，沙子就掉得越多。反而不松不紧时，沙子就可以稳稳地握在手中。这似乎在告诉我们一个道理：要想稳稳地抓住一样东西，就要与它保持一定的距离，对它有适度的束缚，但也要学会适度的纵容，有紧有纵，才能使它掌控在你的手中。就如前段时间非常流行的一部电影《冰雪奇缘》中的主题曲《Let it go》中唱的那样：“let it go, let it go ... and here I stand, and here I'll stay ...”，意思是说：“随它去吧，随它去吧……我就站在这里，待在这里……”看似放纵它，给它自由，其实潜台词是“我在这里，它就会回到我这里”。

“纵”的繁体字形作“縱”，根据现存的出土文献来看，“纵”字最早出现在战国楚简中，如《上海博物馆藏战国楚竹书五·鲍叔牙与隰朋之谏4》中的“纵”作。而在西周金文中经常假借“從”来表示“纵”。如《毛公

鼎》中:"翻翻四方,大從不静。"《洹子孟姜壶》中:"无用從尔大乐。"这两处铭文中的"從"皆用为"纵"。晚些时期的"纵"字基本上都与我们今天看到的繁体字形"縱"部件相同,都是从纟從声。如《睡虎地秦简文字编》中的"纵"作,也有作之形的,《西陲简·三八·三》中的"纵"作,西汉《马王堆汉墓帛书·相马经》中的"纵"作,西汉《阜阳双古堆汉简·仓颉篇21》中的"纵"作,小篆"纵"作,《汉印文字征》中的"纵"作、,东汉《圉令赵君碑》中的"纵"作,三国魏《孔羡碑》中的"纵"作,晋代《徐义墓志阳》中的"纵"作,北魏《李颐墓志》中的"纵"作,东魏《王偃墓志》中的"纵"作,隋代《高紧墓志》中的"纵"作,唐代《李神符碑》中的"纵"作。但偶尔也有与简体字形"纵"部件相同的字形,如《汗简》中的"纵"作。

毛公鼎及其铭文

引自《中国青铜器图录(上)》第77页
李建伟,牛端红 编著 中国商业出版社
2000年5月

《说文解字·糸部》释“纵”的本义为“缓也”，也就是松缓的意思。如《素问·生气通天论》：“有伤于筋，纵，其若不容。”《南齐书·丘灵鞠传》：“蓬发施纵，无行仪，不治家业。”这两个例子中的“纵”都用为本义。在本义的基础上，“纵”可以引申为“放纵”“放弃”“释放”等义，如《左传·昭公十年》“我实纵欲，而不能自克也”中的“纵”为“放纵”之义，《墨子·天志中》“察天以纵弃纣而不葆者，反天之意也”中的“纵”为“放弃”之义，《左传·僖公三十三年》“吾闻一日纵敌，数世之患也”中的“纵”为“释放”之义。

此外，由于“纵”为“松缓”之义，有一种“放下”的意思，就像石头落下的感觉。因此，“纵”在“向下”这层意思上还可以引申为“直(与横相对)”“生育”等义。如《楚辞·东方朔》“不开寤而难道兮，不别横之与纵”中的“纵”为“直”之义，《尚书纬·帝命验》“姚氏纵华感枢”中的“纵”为“生育”之义。除了表示实词外，“纵”还可假借用来表示虚词，如《诗经·郑风·子衿》“纵我不往，子宁不来”中的“纵”表示转折关系的连词，相当于“虽然”，再如唐代诗人杜甫《兵车行》“纵有健妇把锄犁，禾生陇亩无东西”中的“纵”是表示假设关系的连词，相当于“即使”。

“欲擒故纵”是三十六计中的第十六计。“欲”是“想”的意思，“擒”是“捉拿”的意思，“故”是“故意”的意思，“纵”是“释放”的意思，原意是指要想捉住它，暂且故意先放掉它。此计名出自《老子》第三十六章：“将欲歙之，必固张之；将欲弱之，必固强之；将欲废之，必固兴之；将欲夺之，必固与之。”意思是说：要想收敛它，就先要扩张它；要想削弱它，就先去使它强壮；要想废掉它，就先去抬举它；要想夺取它，就先给予它。这是以柔克刚之计。

该计用在军事上是指在条件未成熟之时，用放纵敌人的方法来蒙蔽敌人的双眼，使其放松警惕和戒备，我方则竭力创造时机，让其自投罗网，最终达到擒敌的目的。中国历史上关于欲擒故纵有名的例子就是三国时期诸葛亮七擒七纵孟获的故事。公元225年，南蛮王孟获起兵十万反蜀。自蜀汉建立后，蜀国定下北伐大计，为了解决北伐的后顾之忧，诸葛亮决定亲自率兵征服南蛮各部。第一次交战时，蜀军主力达到泸水，事先在山谷中布下伏兵，孟获兵败被擒。诸葛亮问孟获是否心服？孟获说："山僻路狭，误遭汝手，如何肯服！"诸葛亮心里策划着要用"攻心计"来擒获孟获，于是断然释放了孟获。孟获表示下次一定能击败诸葛亮，诸葛亮听了笑而不答。孟获回去后据守泸水南岸，没想到又被诸葛亮的军队从不设防的河流下游偷袭，并且孟获被第二次生擒。诸葛亮见其还不心服，再次释放了孟获。以后，孟获又绞尽脑汁施了很多计，皆被诸葛亮识破，连续四次被擒，四次被放。最后一次，诸葛亮火烧了孟获的三万藤甲兵，第七次生擒孟获。这次孟获败得心服口服，对诸葛亮的几次不杀之恩甚是感激，垂泪说道："七擒七纵，自古未有。我等虽是化外之人，也懂得礼义，难道就如此没有羞耻吗？"从此以后，以孟获为首的

年画《七擒孟获》

引自《图文版三十六计》第71页 皮民辉 著 岳麓书社 2007年2月

西南蛮夷就誓死忠于蜀国，诚心归顺。诸葛亮七擒七纵，“纵”的是孟获，“擒”的是西南各族人的心。如此，蜀国就有了一个巩固的南方，诸葛亮就可以一心伐魏了。

日常生活中“欲擒故纵”的例子有很多。比如商店门口贴着的类似“欲购从速，售完为止”，“本店商品，每人限购一件”，“大甩卖”，“跳楼价”，“店面转让，清仓处理”等等标语，都是抓住了消费者自以为捡到便宜的消费心理，来吸引消费者，这其中正蕴藏着兵法中“欲擒故纵”之计。因此，以后我们经过这些商店时，要三思而后行了。

若要识破此计，不被此计所扰，我们就要时刻保持警惕，不因对方的暂时放松而麻痹大意消磨了斗志。一旦发现自己处于被动地位，就要想办法及时脱离险境，能跑多远就跑多远，远离是非之地。即使受到了挫折也要趁对方故意放纵之时重整旗鼓，让对方尝尝聪明反被聪明误的味道。

【第17计　抛砖引玉——“引”】

“万有引力定律”是世界近代科学史上伟大的物理学家牛顿发现的，这是十七世纪自然科学最伟大的成果之一。牛顿认为，所有的物体彼此都是通过万有引力相互吸引的，并且引力的大小与距离的平方成反比。这是对地球上的苹果为什么落到地面上，而不会飘到太空去的最好解释。

“引”字在甲骨文中就已经出现，如《甲骨文合集》中收录了、等字形，《殷墟花园庄东地甲骨》中“引”作之形，也有作之形的。虽然形体各有细微差异，但部件都由“弓”和一曲笔构成，皆象开弓之形。金文、简帛及石刻中的“引”基本继承了“引”的甲骨文写法，如殷代𦣞引觥中的“引”作（《殷周金文集成9288》），西周早期《毛公旅方鼎》中的“引”作（《殷周金文集成2724》），西周晚期《颂鼎》中的“引”作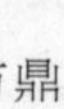（《殷周金文集成2828》），西周《小臣守簋》中的“引”作（《殷周金文集成4180》），春秋早

内蒙古阴山岩画　开弓狩猎图
引自《中国岩画发现史》第269页 陈兆复 著 上海人民出版社 1991年9月

期《秦公簋》中的“引”作（《殷周金文集成4315》），战国《清华大学藏战国竹简一·程寤6》中的“引”作，《睡虎地秦简文字编》中的“引”作，东汉《熹平石经残石》中的“引”作。小篆中的“引”将“弓”旁边的一曲笔改成“丨”作“”，北齐《高湝墓志》中的“引”作，就是我们今天看到的楷体“引”。

许慎在《说文解字·弓部》中释“引”为“开弓也”，他正确阐述了“引”的本义。如《孟子·尽心上》：“羿不为拙射变其彀率，君子引而不发，跃如也。”《战国策·楚策》：“臣为王引弓，虚发而下鸟。”《淮南子·人间》：“丁壮者，引弦而战。”这三个例子中的“引”都用为本义“开弓”。由于“开弓”需要做“拉”这个动作，因此，“引”可以引申用来表示“拉，牵”之义，如《韩非子·人主》：“夫马之所以能任重引车致远道者，以筋力也。”《世说新语·方正》：“友人惭，下车引之，元方入门不顾。”另外，在开弓的过程中，为了能使射程更远，往往会把弦向后拉得很紧，很长，因此，“引”又可以引申为“伸长”“长久”“伸张”之义，而“引”可以表示“避开、退却”之义，也是由此引申出来的。如《左传 · 成公十三年》“我君景公，引领西望”中的“引”为“伸长”之义，《尚书 · 梓材》：“引养引恬”中“引”为“长久”之义，《周礼 · 冬官 · 考工记》“……脂之则需，引而信之”中的“引”为“伸张”之义，《三国志 · 蜀书 · 诸葛亮传》“曹公败于赤壁，引军归邺”中的“引”为“退却”之义。此外，“引”还可以表示带领、引用、选拔、收敛等意义。

“抛砖引玉”是三十六计中的第十七计。“抛”是“抛出”的意思，“引”是“引出，使之出现”的意思，原意是指抛出砖头，引出玉石。由于玉石比砖头要贵重，以此来比喻用不好的东西引出好的东西，也是一种自谦的说法。此计名出自唐代的一个文学故事。相传唐代诗人常建非常仰慕赵嘏的诗文，但一直都没有机会求得。一次，他听说赵嘏要来苏州，断定赵嘏肯定会去游灵岩寺，于是就事先在寺壁写了两句诗。果然，当赵嘏看到常建的诗后，觉得这首不完整的诗看上去非常别扭，于是就在后面补上了两句，使之成为一首绝句。当然，赵嘏的后两句诗比常建的前两句诗要写得精彩得多。如此一来，常建就终于如愿以偿获得了偶像的真迹和诗文。于是，后人便将常建的这种做法称作“抛砖引玉”。此计用于军事，就是一种蒙蔽敌人、诱惑敌人的方法，“砖”指“小利”，是诱饵，而“玉石”即为我方想得到的大利益。就像钓鱼需要钓饵一样，让鱼尝到一点甜头，它才会上钩，同理，敌人占了一点便宜才会误入圈套，最后吃大亏。

再举个例子。战国时期，蜀国是一个小而弱的国家，由于其地势险要，大国想要吞并它都难以成功。蜀国的北部与强大的秦国接壤，如果能取得蜀地这块宝地，就会大大增强秦国的实力。秦惠文王时期，秦王打算抛“金”来引贪婪的蜀侯上钩，进而夺取蜀国。他听说蜀国有五个大力士，举国上下都十分钦佩他们。于是，秦王就下令铸造了五个大铁牛，放在秦蜀两国的交界处，并派人四处散言说这五个铁牛是天降神牛，每天都能拉出五斗金屎，有了它们，秦国更加富裕了。一天，秦王趁蜀侯打猎之机，故意向贪婪的蜀侯讲了神牛产金的事情，还送了很多金子给蜀侯。蜀侯很高兴，用一小块地来作为答谢。秦王又顺势说作为回礼，要把这五大铁牛送给蜀国，但必须要让蜀国派人来搬运，蜀侯喜出望外，连连答谢。回国后，迫不及待想得到铁牛的蜀侯便派了五个大力士去开通通往秦国边界的道路以便取得铁牛。结果，这五个大力士历经艰辛终于带兵开通了蜀国首都通往秦国边界的道路，也真的将铁牛搬运到了蜀国，发现铁牛肚子里确实有不少金子。正在蜀侯高兴之时，秦王偷偷地派军队沿着搬运铁牛的路线，很快打到了蜀国，活捉了蜀侯，攻占了蜀国。诡计多端的秦王就是抓住了蜀侯贪婪的心理，运用了一条抛“金”砖诱饵，钓蜀侯上钩，然后夺取蜀地以引玉的妙策，顺利达到了自己的目的。

在日常生活中，我们经常听到领导或学者在开会或作报告前用到“抛砖引玉”这个词，意在用粗浅的意见来引出他人高明的意见，以示谦恭。享誉海内外的杰出科学家和中国航天事业奠基人钱学森在一次学术会议上就用“抛砖引玉”之计打破了会场僵局，活跃了会议气氛。钱先生德高望重，学识渊

铜牛

引自《三十六计经典故事》第159页
纪江红 编 北京出版社 2005年7月

博。在那次学术会议上，各地学者都凝神敛气，目不转睛地听他独自讲话，没有一个人发言。讲着讲着，钱先生连一个简单的常识都讲错了。其中有一个听众就大胆地站起来说："您讲错了吧，不应该是这样的。"这时钱学森并没有因为此人打断他的话而不高兴，反而笑着说："看来我也不是什么都对的嘛！现在终于有人发言了。"会议气氛一下子活跃了起来。原来，钱先生就是用故意出错法来抛砖引玉以调动大家的积极性，鼓励大家踊跃发言，其匠心独运令人折服。

生活是需要付出的，有付出才可能得到回报，有了"滴水之恩"才有可能得到"涌泉相报"，"投之以桃"才有可能得到"报之以李"，"送人玫瑰"才可能"手留余香"，同样，抛了砖才有可能引来玉。

"抛砖引玉"的用计关键就在于"引"，先给对方一点甜头，等对方上钩后，然后自己得到更大的利益。如果我们不愿意成为别人手中的"玉"，应该采取什么样的防范措施呢？首先，在一些诱饵面前，我们一定要保持淡定和理智，分清利弊，不能贪图小利，不然就会尝到"占小便宜吃大亏"的恶果；其次，学会随机应变，一切要以时间、地点、条件的转换而转移，不落入对方设置的圈套；其三，不要受人蛊惑，不轻易相信他人，坚定自己的主见，防止别人用砖引走了我们的玉；其四，学会"投石问路"，意思是说在行动前，要先做一些试探工作，探测情况，一旦发现别人抛出的是引玉之砖，就要及时停止行动，转身去保护自己的玉。

第18计　擒贼擒王——“擒”

中国功夫源远流长上千年，扬名天下，博大精深。“擒拿术”作为中国功夫之一，是一种非常有效的应敌捕捉技术，它运用杠杆原理与经络学说，采用反关节动作集中力量攻击对方的重要部位，如反手封喉、拧腕断臂、仰撞搬腿都是其中典型的招数。“擒拿”最大的特点就是能拿其一处而擒之。这与三十六计中的“擒贼擒王”有异曲同工之处。

“擒”的本字为“禽”，“擒”是“禽”的后起之字。甲骨文中的“禽”字形颇多，如《甲骨文合集》中有作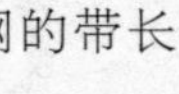之形，还有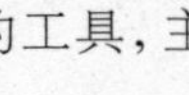等形体，虽然形体各有细微差异，但都像一根有网的带长柄的工具，主要用以狩猎。金文中的“禽”在甲骨文的基础上增加了声符“今”，如《金文编》中收录的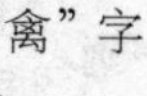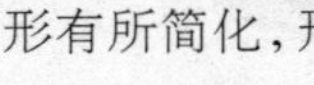等形体。《上海博物馆藏战国楚竹书三 · 周易》中的“禽”字形有所简化，形符省略了表示长柄的部件，只保留了形符“网”，作，西汉

《马王堆汉墓帛书·春秋事语》中的“禽”已经有我们现在看到的楷体“禽”的雏形了，作。之后的“禽”基本上都沿袭了从厽从凶今声的结构，如小篆“禽”作，东汉《桐柏淮源庙碑》中的“禽”作。北魏《元宝月墓志》中的“禽”作。

许慎在《说文解字·内部》中释“禽”为“走兽总名”。从以上我们对“禽”的古文字字形分析来看，“禽”的本义应该是一个动词，表示用狩猎工具捕获猎物之义，然后才引申为表示所捕获之禽。后来，为了表示“禽”的造字本义，又在“禽”的基础上增加了“手”旁，就是我们现在看到的“擒”。所以，我们以为，许慎对“禽”字本义的解释是有问题的。

在汉古文献中，多用“禽”来表示我们今天所用的动词“擒”，如卜辞中有“逐射麋，禽”（《殷契粹编959》），“王其呼戊禽虎”（《殷契粹编987》），《战国策·燕策二》有“两者不肯相舍，渔者得而并禽之”，《逸周书·世俘》有“武王狩，禽虎二十有二”。后来，“禽”从捕获猎物扩展到擒获人，如《禽簋》中有“周公谋禽祝”（《殷周金文集成4041》），《左传·文公二年》有“……禽之以从公乘，遂以为右”，《管子·立政》有“道途无行禽”。出现了“擒”后，“擒”字就开始表示“禽”的本义，如《广韵·侵韵》中释“擒”为

禽簋

引自《中国青铜器收藏与鉴赏全书（上卷）》第95页 韩欣 主编 天津古籍出版社 2005年

"急持",《类篇·手部》中释"擒"为"捉"。在汉文献中,"擒"的意义比较单一,基本上都是用来表示"禽"的本义的,如《韩非子·存韩》"是我兵未出而劲韩以威擒,强齐以义从矣",《孙子兵法·谋攻》"故小敌之坚,大敌之擒也"。

"擒贼擒王"是三十六计中的第十八计,语出杜甫诗《前出塞》的"射人先射马,擒贼先擒王",原意是指抓贼要抓住贼中的首恶分子。这与我们俗话说的人无头不走,鸟无翅不飞,还有打蛇要打七寸、牵牛要牵牛鼻子都是一个道理。该计用在军事上,比喻要先除去主要敌人,或敌人中的首领,这样就使敌方处于群龙无首的状态,树倒猢狲散,如此便可很快使对方土崩瓦解。五代十国时,吴国的杨行密建国称帝,朱延寿和安仁义是他的得力战将,但是这两个人政治野心都很重,杨行密早就看出来他们有图谋反叛朝廷的心思。为了除去后顾之忧,吴王决定施用擒贼擒王之计除掉这两个心头大患。有一天,朱延寿的夫人被派遣来打探情况,杨行密就假装眼睛看不见而故意在行走时撞在柱子上,还就势扑倒在地,佯装哭着对朱延寿的夫人说:"现在吴国

擒贼擒王
引自《三十六计》第93页
新疆青少年出版社 黄平之
译注 2006年3月

的江山已定，而我却双目失明了，这是上天对我的不公的安排啊！我的儿子都没有能力继承我的大业，如果能让你丈夫这样有本领，有功劳的人来接替我的位置的话，那么吴国还有希望，如此我也死而无憾了。”朱夫人听罢信以为真，万般感激，回去就把所见所闻一五一十地告诉了朱延寿。朱延寿欣喜万分，毫不犹豫地接受了吴王的诏谕。然而，当朱延寿刚走到吴王的寝殿之门时，吴王就命令手下把他杀了，随即又迅速将安仁义捉拿，斩首示众。这样，反叛的“贼王”被擒杀了，他们密谋的反叛行动也被扼杀在摇篮里。这是吴王通过诈病取得反叛权臣的信任，然后再引狼入室加以歼灭的成功用计，也是对拥有重兵大权的“贼王”的“智擒”之术。他不仅擒杀了贼王，还用斩首示众警告了贼王之外其他反叛者，消灭了政敌，消除了眼前的和潜在的忧患。

在现实生活中，“擒贼擒王”之计也被广泛运用，特别是在市场营销中。记得有一天，我去一家玩具店买小外甥的生日礼物，碰到一对年轻的夫妇带着一个三岁左右的小男孩。那小男孩看着琳琅满目的玩具很是兴奋，东逛逛，西瞧瞧，不亦乐乎，热情的服务员迎上前来问这对年轻夫妇：“请问你们需要买些什么？”夫妇二人看了看玩具的标价，歉意地摇摇头，拉起孩子就往外走。那孩子立马就坐在了地上哭闹了起来：“我要玩具，我要玩具！”任他爸妈怎么劝说都无济于事。售货员似乎意识到了什么，马上拿了几件高级玩具给孩子展示，孩子顿时破涕为笑，然后她亲切地问这小男孩：“小宝宝，喜欢这奥特曼吗？喜欢的话让你爸爸买下之后，就可以直接带回家了哦。”夫妇俩看自己的孩子拿着奥特曼不肯松手，也只能无奈地掏钱买了这玩具。现代家庭基本上都是独生子女，孩子就是家里的“王”，推销员正是抓住了这一点，才成功地把东西卖了出去，正所谓摧其坚，夺其魁。

面对这种计谋，我们可以采取以下措施加以防范：首先，要分清主次，重点防护关键人物和关键事物；第二，事先做好备用计划，不仅有plan A，还需要有plan B 甚至plan C，一旦一个“王”不幸被擒，可以由另外的“王”及时补上，保持整个计划的完整性，使对方无机可乘；第三，要有坚强的意志。即使“王”被擒了，也要奋起反抗，不抛弃，不放弃，这样才有可能战胜对方，使被擒的“王”归位。

混战计

【第19计　釜底抽薪——“薪”】

小时候家里没有煤气灶，用的还是烧木柴的灶台。那时的我经常帮妈妈烧灶洞，妈妈说大火，我就往里使劲加大木柴；妈妈说小火，我就用火钳从灶洞里夹出一些正在燃烧的木柴；妈妈说退火，我就会把灶洞里所有的木柴包括炭火都抽出来。一个好厨师少不了一个好烧火工，我就是妈妈的专职烧火工。后来上了学之后学到了“釜底抽薪”这个成语，我的第一反应竟然是：这不正是我经常干的事情吗？

根据现存的文献，甲骨文中未见“薪”字，金文中的“薪”与我们现在看到的楷体“薪”的构件基本一样，都由“艹”“辛”“木”“斤”四个部件组成。如战国晚期“七年上郡閒戈”中的“薪”作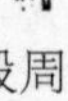（《近出殷周金文集录1193》），“六年上郡守閒戈”中的“薪”作（《近出殷周金文集录1194》）。

竹简中的“薪”也都继承了金文“薪”的形体，如《睡虎地秦墓竹简·秦律十八种88》中的，《睡虎地简·二八·五》中的“薪”作，《流沙简·屯戍六·一八》中的“薪”省略了部件“木”，作，《武威医简七五》中的“薪”作，西汉《张家山汉简·二年律令》中的“薪”作，也有作之形的。西汉《居延新简EPT44.30B》中的“薪”作。小篆“薪”作，《汉印文字征》中的“薪”作，东魏《元湛墓志》中的“薪”作，隋代《苟君妻宋玉艳墓志》中的“薪”作。由此可见，“薪”字的形体构件从古至今几乎没有变化。

《说文解字·艸部》释“薪”为“荛也”，是一种作燃料用的柴木。其实，在“薪”字出现之前，古人都用“新”来表示“薪”，也就是说，“新”是“薪”的初文。

“新”字早在甲骨文中就已经普遍使用了，并且形体颇多，如《甲骨文合集》中收录的、、、、等，《小屯南地甲骨3004》中的，《殷墟花园庄东地甲骨377》中的，《殷墟花园庄东地甲骨181》中的。它们虽然形体各异，但构件基本都一样，都是从斤从辛从木或省略义符“木”，皆象以斤斧之类的工具斫木之形。

金文、简帛及碑文中的“新”基本都承袭了甲骨文中“新”的构形，如西周早期《新邑戈》中的“新”作（《殷周金文集成10885》），西周中期《殷簋甲》中的“新”作（《近出殷周金文集录487》），西周晚期《颂簋》中的“新”作（《殷周金文集成2827》），战国晚期《中山王礐方壶》中的“新”作（《殷周金文集成9735》）。《包山楚简》中的“新”作，也有将义符“木”写在声符“辛”之上的“新”，如。《郭店楚墓竹简·六德33》和《上海博物馆藏战国楚竹书四·曹沫之陈35》中的“新”也是如此，分别作、。《上海博物馆藏战国楚竹书五·弟子问10》中的“新”将部件“木”简写成了一个大黑点，作。《睡虎地秦墓竹简·秦律十八种31》中的“新”与我们今天看到的楷体“新”已经非常相像了，作。《马王堆汉墓帛书·老子甲

颂簋
引自《山东博物馆颂簋鉴赏》张建华《文物鉴定与鉴赏》2013年第1期

本》中的“新”作，《张家山汉简·奏谳书157》中的“新”作。小篆“新”作，《荡阴令张迁碑阳》中的“新”通过隶变后，将“新”左边的“辛”和“木”的部件组合“亲”省形为“亲”作，北魏《元文墓志》中的新也是如此，作，也就是我们今天看到的“新”字了。

《说文解字·斤部》中释“新”为“取木也”，“取木”用以作燃料。后来“新”假借用来表示“新旧”的“新”，而为了明确“新”的造字本义，才在“新”的基础上增加了义符“艸”，用“薪”来专门表示“新”字的本义。

“薪”在汉古文献中基本上使用的都是本义。如《易经·系辞下》传“古之葬者，厚衣之以薪”，《礼记·月令·季冬》“乃命四监，收秩薪柴”，《周礼·地官·委人》“以式法共祭祀之薪蒸木材”，《史记·酷吏列传》“为人上，操下如束湿薪”，《论衡·状留篇》“陛下用吏如积薪矣，后来者居上”，等等。现今，“薪”已经基本放弃了“柴木”之义，转向表示“工资”。如“薪水”“薪金”“月薪”。“薪”的本义仍残存在一些成语中，如“杯水车薪”“釜底抽薪”“抱薪救火”。

“釜底抽薪”是三十六计中的第十九计。“釜”是古代的一种锅，“薪”是柴木的意思，指从锅底抽出柴草，使水停止沸腾。计名源自北齐魏收《为侯景叛移梁朝文》"抽薪止沸，剪草除根"，意思是说抽掉锅底的柴火来让水停止沸腾，除掉草最好的办法就是连根拔起，这样草才不能生长。比喻解决问题不能"头痛医头，脚痛医脚"，而要抓住关键。

这一计运用在军事上，是指破坏敌人赖以生存的条件，从根本上瓦解它，这样就能起到事半功倍、四两拨千斤的效果。使敌成无源之水、无本之木，从其根源着手，必能取胜。

在古代战争中，粮草是军队的战斗力之源，如果部队缺粮，就会陷入严重的困境。春秋末年，越国被吴国打败，越王勾践只得卑躬屈膝为吴王做牛做马，终于得到了越王夫差的信任，并顺利回到了自己的国家。回国后的勾践一心想东山再起，并亲自带领自己的百姓耕田种地，几年后人们安居乐业，越国的国力逐渐强盛。而吴国正好相反，吴王夫差整日沉迷于酒色，还害死了朝中忠臣，又多次与北方诸侯国为敌，搞得百姓不得安宁，怨声载道。虽然越国已经国富民强，但为了遮吴国眼目，勾践借口越国遇到饥荒，便向吴国借了一万石粮食，并允诺第二年如数归还。眼看归还日期就要到了，勾践和大臣文种谈及此事，说:"如果不还粮食，吴国肯定会趁机兴兵讨伐我们，而我们尚未做好还击的准备，如果还了粮食，那就帮助了他们，这样不利于越国。要怎么样才能做到两全其美呢?"文种想了想，说:"粮食是一定要还的，但我们可以在粮食上做些手脚。到时候我们就把粮食蒸熟后还给他们，然后就有好戏看了。"由于被蒸过的粮食非常饱满，吴人看了非常高兴。到了第二年春天，大家就把这些粮食当作良种播种到地里，期待有个好收成，但是被蒸过的种子根本就不可能发芽生长，所以那年秋天吴国颗粒无收，国内大闹饥荒，大大削弱了吴国的实力。过了不久，勾践便借此良机讨伐吴国，吴国由于粮草不足，兵力大不如从前，再加上民不聊生，国内反抗声四起，根本不敌越国的猛烈进攻，最终被越国打败。国以民为本，而民以食为天，勾践就利用"釜底抽薪"这一计，破坏

勾践施"釜底抽薪"之计　蒸粟还粮
引自《孙子兵法与三十六计　彩色图解》第291页　思履 主编 中国华侨出版社 2012年8月

了吴国的生存之本——粮食，为最终灭掉吴国奠定了重要的基础。

"釜底抽薪"也是生意场上常用的竞争手段之一。商家们或是资金和人才上的较量，或是设备与工艺上的比拼，所抽之"薪"可以是机器、原料等硬件，也可以是管理方式、技术力量、人才储备等软件。强者可以"兵不血刃"地让弱者束手就擒，弱者也能以柔克刚地制服强者。因为被抽了薪的汤，只会逐渐冷却，就像被放了氦气的气球，怎么飞也飞不高了。

那么，在现实生活中，我们可以采取哪些措施来防范被人"釜底抽薪"呢？其一，积累足够量的"薪"，这样才能保证釜底之火能不断燃烧，即使被抽去，也有后备之"薪"；其二，不消极等待，积极应对，即使被釜底抽薪了，也要再拾起木柴重新燃烧，或者再另起炉灶；其三，保持警惕，严守灶台，不让对方有靠近抽薪的机会。

【第20计　混水摸鱼——“混”】

“混”可以表示一种无所谓、安于平庸、自得其乐的乐观派的生活态度，也可以表示玩世不恭、无所事事、愤世嫉俗的痞子派的生活态度。混在社会这个大染缸里，要保持自己的个性是一件不容易的事情，但无论怎么样也要混出一个人样出来，不做“混水摸鱼”之事，至少不能被别人说成是“混蛋”一个。

根据现存的文献，甲金文中无“混”字。“混”的小篆字形作，汉代《涌泉混流瓦》中的“混”作。该字从水昆声，是个形声字。“混”的字形从古至今几乎没有变化，如北魏《于纂（万年）墓志》中的“混”作，隋代《张盈墓志》中的“混”作，唐代《朗宁公主墓志》中的“混”作。但也有在“混”的形符和声符上稍作笔画改动的情况，如北魏《元继墓志》中的“混”将形符“氵”变成了“冫”，作，还有的“混”对声符“昆”作了细微的笔画上的变动，如北齐《窦泰妻娄黑女墓志》中的“混”作混。

《说文解字·水部》中释“混”为“丰流也”。该字为“胡本切”，读为hùn。也就是说，“混”的本义应该是指水势很大。如《汉书·司马相如传上》：“汩乎混流，顺阿而下。”又如《水经注·河水》：“东北同为一川，混涛历峡。”这两处例子中的“混”皆用为本义。

但是在文献中“混”用为本义的频率很小，“混”在文献中经常被假借用来表示“溷”，如《山海经》：“其源混混泡泡。”郭璞云：“……此用混为溷也。”《说文解字》释“溷”为“乱也。一曰水浊貌”。于是，“混”便有了“混浊”“混同”“搅乱”等假借义，如《老子》：“敦若朴，混若浊，旷若谷。”《史记·屈原贾生列传》：“举世混浊而我独清，众人皆醉而我独醒。”这两例中的“混”都是“混浊”之义。《淮南子·览冥》“天下混而为一”中的“混”则为“混同”之义，《倩女幽魂》“他是掣风涛混海鲸鳌”中的“混”为“搅乱”之义。

在具体的使用过程中，我们又用“混”的假借义隐喻人在生活、做事等方面的态度，引申为糊涂、苟且过活或谋取等义。如《荀子·儒效》：“……混然曾不能决也”中的“混”为“糊涂”之义，杨沫《青春之歌》“与其碌碌无为地

司马相如

引自《卓文君与司马相如》文丽 张有

《连环画报》2009年第9期

混这一生，不如壮烈地去死”中“混”为“苟且过活”之义。“混”是个多音字，还可以读作hún，主要有两种用法：一、古人名用字。也作“昆”。二、由于“混”与“浑”读音相近，因此“混”还可以假借用来表示“浑”。

成语“混水摸鱼”中的“混”用为动词，表示“搅混”之义。“混水摸鱼”是三十六计中的第二十计。原意是指把水搅混，趁鱼晕头转向之时摸鱼。比喻乘混乱之机，获取不正当的利益。这一计用在军事上指千方百计地使敌人内部或敌人之间出现混乱，然后趁乱获取利益，这是一种乱中取胜的计谋。三国时期，刘备就是运用“混水摸鱼”这一计轻松拿下了南郡。

在赤壁大战中，曹军大败，曹操在退兵前派大将曹仁驻守南郡，以防止孙权北进。实际上，孙权和刘备都在等待时机准备攻取南郡。孙权乘着赤壁大战胜利的气势，派周瑜先发兵进攻彝陵，没想到却中了曹仁的计，负了重伤。曹仁见周瑜中了毒箭，非常高兴。一日，曹仁又亲自率大军向周瑜挑战，周瑜怒不可遏，迎战不久便口吐鲜血，坠马而下。回营之后大家才知道，周瑜这是假装病危以蒙骗曹军。果然，没过多久，周瑜箭疮发作的死讯就传开了，周瑜营中哀乐响起，士兵们还都戴了孝。曹仁闻讯，信以为真，喜出望外，当天晚

刘备“混水摸鱼”取南郡

引自《孙子兵法与三十六计 彩色图解》第300页 思履 主编 中国华侨出版社 2012年8月

上便去进攻周瑜军营，只留下少数士兵守城。曹军冲进周瑜大营，却见四下寂静无声，空无一人，这才知道中计，急忙下令退兵，但为时已晚。只听见一声炮响，周瑜率领吴军四面包抄，曹仁惊慌失措，在退返南郡的途中又遇吴军的阻截，只能朝北逃去。周瑜大胜曹军，立即率兵直奔南郡。没想到赶到那里的时候，已经布满了蜀军的旌旗。原来，赵云奉诸葛亮之命，趁着周瑜和曹仁激战之时，轻松就拿下了驻守兵力单薄的南郡。在这场战役中，刘备“混水摸鱼”取得南郡，他才是最大的赢家。这与我们经常所说的“鹬蚌相争，渔翁得利”有点相似。

在现代生活中，江湖骗子就经常用“混水摸鱼”之计来骗人，而且还经常是两个或几个人形成一个团伙来找一个目标下手。比如我之前听说过这样一个骗术，目标经常是五六十岁的女士：两个串通好的男骗子在看准一个目标后，骗子A就装作突然在路上捡到一只首饰盒，这时，骗子B和被骗目标也正巧看到并围上前去。骗子A在他们面前打开首饰盒，竟发现里面是一对龙凤鸳鸯戒，于是骗子B就借机发挥，说：“这么贵重的东西应该送到派出所上交。”骗子A不同意，并提议：“反正就我们三个人看到，不如就大家平分算了。”他们待被骗目标见“金”心动表示毫无异议时，再继续忽悠，骗子A会假装好意地说：“两个戒指三个人无法平分，我看戒指归这位女士算了，我们男的就吃点亏，只要女士各给我们一千元。”见这两个男士（骗子）如此大度，女士肯定感激不尽，然后立马乖乖地掏钱，哪里还顾得上识别戒指的真伪，还真以为自己捡了大便宜，拿回家仔细看，才后悔莫及，2 000元竟换来两个假戒指。在这个案例中，两个骗子就抓住了人的贪图小利心理，一唱一和，把女士骗得晕头转向，才中了骗子的“混水摸鱼”之计损失了钱财。

实行“混水摸鱼”之计来坑蒙拐骗别人的人，通常都带着侥幸心理，能骗一个是一个，这条鱼摸不到就会立马改变目标。遇到这样的人，我们要时刻保持清醒的头脑，不要有天下会掉馅饼的杂念。水之所以会被搅浑，就是因为里面有淤泥，只要把淤泥清除干净了，就会保持河水清澈。如果水已经被搅浑了，也不要慌张，要保持沉着冷静，想方设法找一个出口，看准方向"走为上"，以防在慌乱之中被当成"鱼"摸去。

第21计　金蝉脱壳——“蝉”

小时候，炎热的夏天，喜欢与小伙伴们一起去树林捡蝉蜕下的壳，大人说这是可以入药的，我们当然不管它入不入药，只觉得它好玩。更让我们开心的是，村巷里时不时就会有收购蝉壳的挑担人，只要他一叫唤，大伙儿就一呼百应，因为蝉壳在他手里就能换成美滋滋的棒棒糖。

蝉，也叫“蜩”，俗名知了，它是自然界实有的一种昆虫。这种昆虫其貌不扬，但自古以来就深受人们的喜爱。这我们可以从考古资料中就可以找到证据。据考古发现，早在新石器时代的红山文化、环太湖的良渚文化及长江中游的石家河文化等文化中，我们就已经发现了蝉形玉器。

古人云：“蝉，蜕于浊秽，以浮游尘埃之外，不获世之滋垢。”蝉有特殊的生命周期，最初是幼虫，长大后变为蝉蛹，经蜕壳后变为飞虫。正因为它有蜕壳现象，使人以为蝉能复活，象征着羽化成仙的蕴意，这也是它深得人们喜爱的重要原因。此外还有一个原因就是：蝉鸣榆噪柳，栖于高枝，饮露吸风，象征着不食人间烟火的高洁品德。古人在诗文中有不少赞美蝉的诗句，如唐代虞世南《蝉》："垂緌饮清露，流响出疏桐。居高声自远，非是藉秋风。"唐骆宾王《在狱咏蝉》："西陆蝉声唱，南冠客思侵。"元代王沂孙《齐天乐·蝉》："甚独抱清高，顿成凄楚。"字里行间无不流露出对以蝉喻人的高洁品质的赞美。随着时间的推移和社会的进步，蝉又被赋予了新的含义。如以一玉蝉佩在腰间，谐音"腰缠（蝉）万贯"，也有人将玉蝉挂在胸前，取名"一鸣惊人"。

战国　玉蝉　浙江安吉县递铺镇垅坝村出土

引自《高洁的玉蝉》傅慧娟《文物世界》2012年第5期

关于甲骨文中有没有"蝉"这个字形，至今仍无定论。有学者认为""或""是象蝉之形，如郭沫若先生就在《殷契粹编》中提出："该字形即蟋蟀之类。以秋季鸣，其声啾啾然。故古人造字，文以象其形，声以肖其音。更借以名其所鸣之节季曰秋。"从"蝉"的形体上看，蝉体型比较饱满，有两对膜翅，还有突出的复眼，但是""或""这两个字形突出的是触角，与蝉的形体不是很像，倒非常像蝗虫的形体。因此，这两个甲骨文字形到底是不是"蝉"我们暂时还不能作出有把握的论断。

"蝉"的繁体字形作"蟬"，经过简化后，单字上面的两个口变成了现在的两个点。蝉的小篆字形作"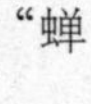"，西汉《流沙坠简·屯戍一七31》中的"蝉"作，《汉印文字征》中的"蝉"作，北魏《郑黑墓志》中的"蝉"作，东魏《元澄妃冯令华墓志》中的"蝉"作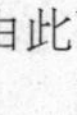，隋代《羊本墓志》中"蝉"作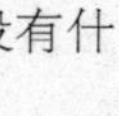，唐代《窦娘子墓志》中的"蝉"作。由此可见，蝉的形体从古至今都没有什

金蝉

引自《汉代玉蝉文化研究》第55页 王晓琳 中国地质大学硕士学位论文 2014年5月

么变化，都是从虫单声。

《说文解字 · 虫部》释“蝉”为“以旁鸣者”。什么是“以旁”呢？这应该与蝉的发声部位有关。雄性的蝉的身体两旁有能够发出很大声响的“鼓室”，它们向前或左右扭动腹部就会发出声响。所以，“以旁”应该就是“用腹部两旁的部位”的意思。由于蝉的声音既响亮又能持续很久的时间，几乎可以用连绵不断来形容。不知道您是不是有同感，夏天看书或睡觉的时候恨不得把树上的蝉都一网打尽，这天然的噪音制造器实在让人不得心静。正因为蝉的声音有如此特质，所以“蝉”除了表示昆虫外，还可以引申用来表示“连续不断”的意思，如“蝉联”。《方言 · 卷一》中有：“蝉，续也。”《玉篇 · 虫部》中有：“蝉，蝉连系续之言也。”

“金蝉脱壳”是蝉成长过程中一种自然的生理现象。作为三十六计中的第二十一计，原意是指金蝉在变为成虫时，脱去幼虫的壳，形体却保持不变。蝉留下的是一个人人关注的空壳，而蝉本身却无人留意。

此计运用在军事上表示保持原来的阵形不变，暗中转移自己的主力，这是一种摆脱敌人的分身之术。三国时期，诸葛亮由于积劳成疾，在蜀军退回汉中的路途中病死在五丈原。为了防止魏军的追击，诸葛亮临死前还向姜维传授了一条退兵之计。这个计谋主要是对外封锁诸葛亮的死讯，让大家都以为诸葛亮仍然活着，从而防止魏军趁势追击。姜维按照诸葛亮的吩咐，让木

诸葛亮像

引自《智慧化身诸葛亮》封面 《意林》编辑部编 吉林摄影出版社 2012年8月

匠仿着诸葛亮的样子雕了一个木人，羽扇纶巾，并且将木头人装扮成诸葛亮稳坐车中的样子，还大张旗鼓地向魏军发动进攻。司马懿早就领教过诸葛亮的“诡计多端”，看到蜀军这个架势，心里不知道蜀军又在搞什么花样，因此也不敢轻举妄动，为了防止中计，最终命令军队撤退。姜维正是趁魏军退兵之时，才迅速将主力部队安全转移到了汉中。当司马懿得知真相后，为时已晚。一生足智多谋的诸葛亮在临死前还使用了这漂亮的“金蝉脱壳”一计，让蜀军顺利躲过了魏军的追击，保存了蜀军的兵力和实力，真可谓“鞠躬尽瘁，死而后已”。

“金蝉脱壳”是一种积极主动的撤退和转移计谋，它是在万分危急的情况下进行的，如履薄冰，稍有不慎，就会带来灭顶之灾。因此，在实施这一计谋过程中一定要保持冷静，细心而又迅速地观察和分析形势，然后再果断地采取行动，因为在败局已定的情况下，多停留一分钟，就会增加一分危险，减少一分生还的希望。“留得青山在，不怕没柴烧”，待“蝉”顺利脱壳之后，长出新翼，天空就会任其飞翔了。

在现实生活中，能够合理运用“金蝉脱壳”的人，往往可以立于不败之地。他们在竞争与处世中于人不备之处隐藏一条退路，以备进退之用，如此进可以击败对手，退可以保存自己，使自己进退自如。就像与别人交流一样，不能把话说得太满，太绝对，让对方和自己都有一个台阶下。

面对危险人物的“金蝉脱壳”之计，我们可以采取以下措施加以防范：其一，为了防止到手的鸭子飞掉，最好的办法就是严加看管，关门捉贼，不留任何可能成为出口的地方，让对方插翅难飞；其二，要善于观察和牢记对方的各种特征，不能被对方留给我们的虚假形式所迷惑，要透过现象看本质；其三，不要轻易相信对方的承诺，承诺和信物往往是最廉价的脱身替代物，不放松警惕，牢牢抓住束缚对方的缰绳；其四，对狡猾的人不能讲仁慈，不能做对方的掩护，不然对方趁机逃脱之后便会反咬你一口，就像农夫出于善心和无知，暖醒了被冻僵的蛇，蛇不但没有感激，还伤害了农夫。

第22计　关门捉贼——“关”

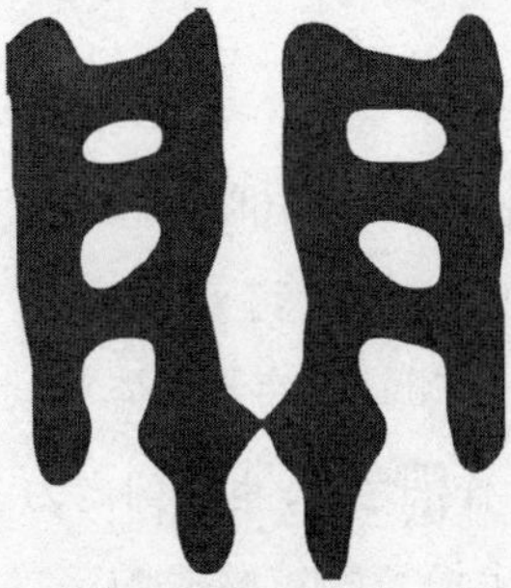

穿山甲是一种非常奇特的动物，全身布满鳞甲，就像铠甲勇士一般，而且主要以食蚂蚁为生。很早之前就在央视三套《动物世界》中看到过穿山甲抓蚂蚁吃的情景，觉得非常有趣。关于穿山甲捕捉蚂蚁的过程，南朝博物学家陶弘景曾在《本草经集注》中有明确的记载：“能陆能水，日中出岸，张开鳞甲如死状，诱蚁入甲，即闭而入水，开甲蚁皆浮出，围接而食之。”大致意思是说，穿山甲是一种水陆皆宜的动物，在捕食时，会先伸出长长的舌头用唾液来吸引蚂蚁，然后张开身上的鳞甲静静地等待蚂蚁爬进鳞甲内，接着马上关闭鳞甲跳入水中，打开鳞甲让蚂蚁全都浮在水面，最后再享受美味。穿山甲的捕食技能可谓高明，真不愧是典型的“关门捉贼”高手。

“关”的繁体字形作“關”，异体字形作“関”。根据现有的文献资料，甲骨文中未发现“關”字。金文中出现了“關”字，如战国《陈纯釜》(《殷周金文集

穿山甲捉蚂蚁

引自《动物“三十六计”关门捉贼(之二十三)》周岳峰 周超《小雪花》2007年第3期

成10371》)中的“關”作，《左关之钿》(《殷周金文集成10368》)中的“關”作，象用来闭门的横木之形。由此可见，“關”在造字之初是个会意字。《古陶文字征》中的“關”与金文“關”的字形基本相同，作、、、、等形。《古玺汇编》中的“關”作之形，也有门内为“串”的“關”，作。楚简中的“關”从门串声，如《上海博物馆藏战国楚竹书一·孔子诗论11》中的“關”作，《睡虎地秦简文字编》中的“關”基本上都是从门䜌声，如、、、。这些字形应该就是今天我们看到的繁体“關”的雏形了。小篆“關”作“”，西汉《马王堆汉墓帛书·战国纵横家书》中“關”作，《西汉张家山汉简》中的“關”作之形，也有作之形的。《汉印文字征》中的“關”大多作之形，晋代《刘韬墓志》中的“關”作，北魏《元诱墓志》中的“關”作，东魏《元鸷墓志》中的“關”作，北齐《窦泰妻娄黑女墓志》中的“關”作，隋代《宋仲墓志》中的“關”作。唐代《孙公乂墓志》中的“關”作，即“關”的异体“関”。后来，为了书写便利，就根据“關”的异体字“関”，并省略其部件“门”，简化成我们今天看到的“关”。

《说文解字·门部》释“关”为“以木横持门户也”，也就是说，“关”的本义是指锁门用的“门闩”。如《左传·襄公二十三年》：“臧纥斩鹿门之关以出。”《墨子·备城门》：“门植关必环锢，以锢金若铁鍱之。”这两个例子中的“关”用的都是本义。后来,“关”从名词引申为表示动词的“关”,即合拢、掩闭之义,如宋代叶绍翁《游园不值》:“春色满园关不住,一枝红杏出墙来。”

“关”是门的一个重要部件,对于古代的城门来说,“关”的坚固与否直接关系到城内的安危。因此,“关”还可以引申为“关联”“要塞,关口”“阻隔”等意义。如《聊斋志异》“故天子一跬步,皆关民命,不可忽也”中的“关”是“关联”之义,《孟子·尽心下》“古之为关也,将以御暴”中的“关”为“要塞,关口”之义,《盐铁论·箴石》“今欲箴石,通关鬲,则恐有盛胡之累”中的“关”为“阻隔”之义。此外,“关”还可以用来表示关税、通过、领取、事物的关键点等其他意义。由此可见,“关”从古至今都是一个使用范围非常广泛的字。

“关门捉贼”是三十六计中的第二十二计。原意是关上门捉拿进入屋内的盗贼,断其退路,以防他们逃走。关门捉贼是民间谚语,与“关门打狗”的意思差不多。该计运用在军事上,就是采取四面包抄,一举全歼,或是诱敌深入,使敌人如同“网中之鱼”,以便“瓮中捉鳖”。《孙子·谋攻篇》中说:“用兵之法,十则围之,五则攻之,倍则分之。”意思是你有对方十倍的军力那就去围攻,有对方五倍的军力就去进攻,有对方两倍的军力就去分散敌人。由此可见,“关门捉贼”是要有足够的实力才能实施的计谋。否则,兵力不足,是难以达到“关门捉贼”的目的的。

在中国古代战争史上,运用此计著名的战例如战国时期齐魏之间的马陵道之战、秦赵长平之战,汉初的楚垓下之战等。之后使用此计取胜的例子就更多了。如唐朝后期,黄巢率起义军攻陷长安,唐僖宗逃到成都。不久,唐僖宗又集合兵力,准备反攻,夺回长安。公元881年,唐军来势汹汹,黄巢的几个大将都被杀掉,眼看唐僖宗的军队已经打到长安周围,黄巢与诸将分析了唐军的阵容之后,立即定下了以退为进、“关门捉贼”的策略。于是,黄巢便将

黄巢像

引自《图文版三十六计》第101页 皮民辉 岳麓书社 2007年2月

全部人马撤出长安，露宿于附近的坝上。抵达长安的唐军见黄巢军队迟迟不予反击，后来发现他们已经全部撤走，以为他们不敢反抗，顿时欣喜若狂，掉以轻心起来。唐军在长安城内胡作非为，尽情享乐，还大肆劫掠百姓，整个长安城怨声载道。黄巢了解了城内的情况之后，觉得这是回师攻城的良机。于是就趁唐军庆祝“胜利”之时，黄巢率部队包围了整个长安城，在夜色的掩护下带队杀入长安，唐军浑然不觉，被打得措手不及，四处慌逃，最后长安又回到黄巢义军手中。黄巢军队正是故意打开了长安城这扇“门”，待唐军进来之后，又关上了“门”，才顺利地捉到了“贼”。

“关门捉贼”之计还可以运用在商业活动中，比如“错位经营”就体现了这一要义。连锁经营商店是指同一地带的几个商店经营相互有关联的产品，比如你经营西装，我经营领带、胸花、袜子，他经营皮鞋，这样一来，顾客就可以在一个地带连环买到自己想要的物品，方便省时省力。“错位经营”者就是抓住了顾客这一心理特点，采用“关门捉贼”之计，吸引了更多的顾客。

若要对付“关门捉贼”之计，我们可以采用如下对策：其一，先用“打草惊蛇”或间谍侦查法探清虚实，不要随便看到“门”就进；其二，要为自己留下退路，以便于逃避灾祸，正所谓有备无患；其三，万一误入对方的埋伏，要想方设法争取在对方“关门”之前退出来；第四，善于使用“金蝉脱壳”之计，一旦被对方关在门内，也要冷静下来仔细并迅速地观察形势，然后乘机逃脱，溜之大吉。

【第23计　远交近攻——“攻”】

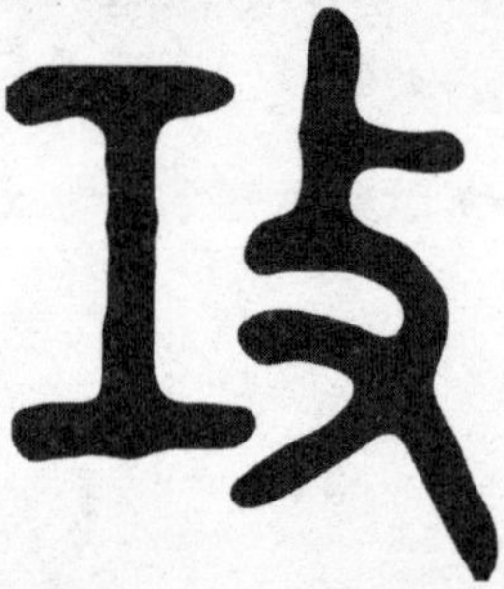

“击剑”是从古代剑术决斗中发展起来的一项传统体育项目，它是一项攻击性比较强的运动。在击剑比赛中，讲究的是攻击和击中的优先权，如果甲先发动攻击而且击中，即得分，而被攻击者先做出有效的防御动作后再进攻并击中才得分，双方同时发起进攻并且相互击中则不得分。因此，“主动攻击”是作为一名优秀的击剑运动员必备的能力之一。

“攻”字从攴，工声。该字早在甲骨文中就已经出现，并且形体颇多，如《续甲骨文编》中释、、、等形体为“攻”，像左右两方兵力围攻一座城。唐兰在《天壤阁甲骨文存考释》中认为：根据近见柏根氏藏甲骨文字又有字，即攻，当释为“攻”。屈万里在《殷墟文字甲编考释》中认为：当是“攻”字。卜辞从攴之字，亦往从殳。《甲骨文合集9101》中有，《甲骨文合集36346》中有，这两个字皆释为“攻”。这些甲骨文形体虽然各异，但都象手

拿某种工具作攻击之状。

金文中的“攻”形体也比较繁多，并且出现了多个代换形旁，有的从攴，有的从又，有的从戈，还有的从殳。形旁从“攴”的“攻”，如战国时期《大攻尹铍》(《殷周金文集成 11577》) 中的，《鄦客问量》(《殷周金文集成 10373》) 中的，《廿年距末》(《殷周金文集成 11916》) 中的，《攻敔臧孙钟》中的，《攻敔王夫差剑》中的，《攻吴王监》中的，《鄂君启舟节大攻尹》中的等。形旁从又的“攻”，如西周中期《𨒌鼎》(《殷周金文集成 2731》) 中的，《𪓐镈》中的，《攻敔臧孙钟》中的等。形旁从戈的“攻”，如战国晚期《十七年相邦𤸫戈》(《珍秦斋藏金 · 吴越三晋篇》第 139 页) 中的“攻”作。形旁从“殳”的如《鄂君启车节》中的。除了形旁有变化外，金文中“攻”的声旁“工”也有变化，如《攻敔王光戈》中的“攻”，左边的“工”显得繁复但非常优美。

《古陶文字编》中“攻”基本都是从攴，工声，只是部件的排列顺序比较多样，有左声右形的、、、，也有左形右声的、，还有上声下形的。《包山楚简文字编》中的“攻”作、、，《睡虎地秦简文字编》中的“攻”作，《郭店楚墓竹简 · 成之闻之 10》中的“攻”从戈作，《上海博物馆藏战国楚竹书一 · 孔子诗论 13》中的“攻”从又工声，为上下结构，作。《马王堆汉墓帛书 · 春秋事语》中的攻也从戈，作，《张家山汉简 · 盖庐 18》中的“攻”作，《长沙子弹库帛书文字编》中的“攻”与我们今天看到的楷体“攻”已经非常接近了，作。《古玺文编》中的“攻”基本上都是上声下形，作、、、之形。小篆“攻”作“”，东汉《合阳令曹全碑阳》中的“攻”作，晋代《石尠墓志》中的“攻”作，北魏《元天穆墓志》中的“攻”作，唐代《刘彦之墓志》中的“攻”作。

《说文解字》释“攻”为“击也”，这正是“攻”的本义。如《孙子 · 计篇》

吴王夫差剑

引自《中国青铜器收藏与鉴赏全书(下卷)》第454页 韩欣 主编 天津古籍出版社 2005年

中:“攻其不备,出其不意。”《左传·僖公四年》:“以此攻城,何城不克?”这两处用的都是“攻”的本义。“攻”给对方带来了灾难,但对自身而言却解除了忧患,因此,“攻”可以引申为“治理”或“加工”之义。如《吕氏春秋·上农》:“农攻粟,工攻器,贾攻货。”《诗经·小雅·鹤鸣》:“它山之石,可以攻玉。”此外,“攻”还可以引申为“治疗”之义。如《周礼·天官·疡医》:“凡疗疡,以五毒攻之错位经营错位经营”除了用作动词外,“攻”还可用作形容词,表示“坚固精致”。如《诗经·小雅·车工》:“我车既攻,我马既同。”

“远交近攻”是三十六计中的第二十三计。此计名出自《战国策·秦策》,范雎对秦王说:“王不如远交而近攻,得寸土,则王之寸土;得尺土,亦王之尺土也。”原意是指与距离远的国家交朋友,攻击邻近自己的国家。这是秦国用以吞并六国采取的外交策略。战国时期,齐、楚、燕、韩、赵、魏、秦七雄称强。到了战国后期,秦国日益强盛,秦昭襄王企图吞并东方六国一统华夏。于是秦国的谋士范雎就向秦昭襄王献了“远交近攻”之计,计划由近及远,像蚕食桑叶一样,一口一口吞并天下。秦昭襄王听取了范雎的谋略,并将其定为国策。到了秦始皇时代,他继续奉行该外交政策,经过10年的战争,终于逐步征服了韩、魏、赵、燕、楚、齐六国,实现了统一中国大业。

虽然“远交近攻”最早是由范雎提出来的,但早在他之前就有人运用了这一计谋。春秋初期,群雄并起,各国逐鹿中原。郑国成为当时一个很活跃

郑庄公成就霸业

引自《孙子兵法与三十六计　彩色图解》第327页 思履 著 中国华侨出版社 2012年8月

的国家。在那个时候，与郑国邻近的宋国、卫国、陈国、蔡国都与郑国积怨很深，矛盾十分尖锐。郑国认识到与远方的实力较为强大的鲁国、齐国结盟的重要性，于是就用土地来贿赂对方与之交好。在齐鲁两国的调解下，郑国与宋、卫两国达成了和平条约，并与陈国结为姻亲。郑国经过休整之后，又联合齐鲁两大实力军队进攻宋国，并占领了宋国的大片土地。后来宋国又联合卫国向郑国发动了攻击，但都经不住郑国军队的强烈反击，终于失败。因此，郑国就在短时间内成为春秋时期的第一个强国。在中原争霸过程中，郑庄公很好地分析了各国的形势，用“远交近攻”的策略给邻近的宋国以沉重一击，又结盟了远离自己而又实力强大的齐鲁等国，所以才成就了自己的霸业。

中国有句古话叫“冤家宜解不宜结”。在现实生活和工作中，着眼于未来，有长远目标的人往往懂得合理地运用“远交近攻”之计，扩展人脉，到远处去寻找盟友为我所用。这样一来，一则减少了自己的潜在竞争对手，二则加重了自身靠山的砝码，有利于增强竞争力。举个例子。九龙仓是香港最大的码头，船王包玉刚决心从怡和洋行手中夺得这块宝地。而垂涎于这块宝地的还有位居十大财团之首的李嘉诚。但当时李嘉诚还在与别人争夺“和记黄埔”，一时无法两面出击。于是包玉刚就设法主动伸出“橄榄枝”，抛出“和记黄埔”的股票9 000万股给李嘉诚，这大大增强了李嘉诚的竞争实力。李嘉诚是个知恩图报的人，也把自己的2 000万股九龙仓股票让给了包玉刚。于是，这两大巨头就结成了强强联盟，而包玉刚就理所当然地以绝对优势夺得了九龙仓码头。在争取九龙仓这块宝地的整个过程中，包玉刚就运用了“远交近攻”之计，审时度势，远交李嘉诚，近攻怡和洋行，不仅让自己顺利达到了目的，也助了盟友一臂之力，可谓是互利互惠，这也为双方今后的继续合作奠定了坚实的基础。

在竞争中，为了防止对方运用“远交近攻”之计造成强强联手之势，我们可以采取以下措施加以防范：其一，如果我们被对方作为“远者”而结交时，我们不能被动地单方面地被利用，而要学会互相利用，并时刻做好攻击的准备；其二，当我们已经成为“近者”，难逃厄运时，不能消极等待，而应该广为结交周围的同盟，争取获得同情和援助，防止被孤立，成为对方的口中食；其三，增强防御能力。如果我们的力量足够强大，并且准备充分的话，那就可以御敌于门外；如果我们的力量较弱，那就团结一切可以团结的力量来联合抗敌。总之，我们不能让对方有机可乘。

【第24计　假道伐虢——“伐”】

近几年，国产动画片《熊出没》受到了广大儿童甚至是青少年的喜爱，里面的伐木工人光头强更是成了孩子们的头号偶像。森林里的两只可爱小熊，秉着“保护森林，熊熊有责”的信念处处为难光头强，给光头强的伐木工作带来了不少麻烦。在现实生活中，随着地球森林面积的逐渐减少，我们需要更多的像熊大、熊二一样的森林守护者，而像光头强一样的伐木工人是越来越少为好。

“伐”字出现得比较早，甲骨文中就有“伐”字，并且字形繁多。如有部件“人”在左、“戈”在右的（《甲骨文合集20505》），也有“戈”在左、“人”在右的（《甲骨文合集6642》）；有部件“人”比“戈”稍长一点的（《甲骨文合集33018》），也有部件“戈”稍长一点的（《甲骨文合集22605》）；还有的字形或省去表示戈柄的部分，只留下表示戈刃的部分在人的头部，如（《甲

熊出没

引自《熊出没来了8》首页 深圳华强数字动漫有限公司 著 浙江少年儿童出版社 2013年6月

骨文合集7084》)、[甲骨文字形](《小屯南地甲骨1126》)等。这些字形之间虽然都有细微的差别，但都是由人和戈组成，象戈穿过人的头颈之形，意思是人被砍头之义。

甲骨文中的“戍”作[甲骨文字形]，也是由“人”和“戈”两个部件组成，只是部件的布局不同，“戍”是部件“人”在“戈”的下方。关于“戍”与“伐”两字的关系，学者们有不同的看法。如方国瑜认为，“戍”与“伐”为一字。自卫为戍，征人为伐。不必强分为二字。人在戈旁与在戈下者，则一字两用。郭沫若认为：殷周古文伐字与戍字颇相乱，然亦有区别之处。伐象以戈伐人。戈必及人身。戍示人以戈守戍，人立在戈下，此其大较也。也就是说，“伐”表示的是人被戈所杀，而“戍”是人拿戈来防卫，前者人是被动的，后者人是主动的。因此，我们比较认同郭沫若的观点。

根据《甲骨文字典》中对“伐”的解释，伐在卜辞中主要有五种用法，它们是：一、用人牲之祭，表示用戈砍人头。如卜辞中有“甲辰贞又祖乙伐十羌”，又如“丁酉卜，貞王宾文武丁，伐十人，卯六牢”；二、表征伐。如卜辞中有“乎多臣伐方”；三、用人牲之单位，人牲一人称一伐。如卜辞中有“五伐五牢宰”；四、人名。如卜辞中有“丁巳卜宾御子伐于父乙”；五、殷先公名。如卜辞中有“乙未卜贞于伐告秋”。

金文中的“伐”字有的显得比甲骨文的图画性更强，如《伐鼎》中的“伐”作（《殷周金文集成1011》），《亚伐卣》中的“伐”作（《殷周金文集成4805》），《伐甗戈》中的“伐”作（《殷周金文集成10872》）等。但也有比较线条化的字形，如西周早期《禽簋》中的“伐”作（《殷周金文集成4041》），西周晚期《不其簋》中的“伐”作《(殷周金文集成4328》），西周晚期《兮甲盘》中的“伐”作（《殷周金文集成 10174》）等。

简帛中的“伐”与我们今天看到的楷体“伐”已经非常接近了，如战国《郭店楚墓竹简》中的“伐”作或，《上海博物馆藏战国楚竹书》中的“伐”有作之形的，也有作，等形体的，《睡虎地秦墓竹简》中的“伐”作，西汉《马王堆汉墓帛书 · 老子甲本》中的“伐”作，《张家山汉简 · 二年律令249》中的“伐”作等。

《说文解字》中释“伐”为“击也”，这里的“击”指的是“击刺”之义，与伐的造字本义“砍头、砍杀”意义相仿。如《诗经 · 大雅 · 皇矣》中：“是伐是肆，是绝是忽。”郑玄笺：“伐，谓击刺之。”宋代苏辙《太白山祈雨词》：“为酒醴，伐豚羊，舞长袖。”这里的“伐”就是本义“砍杀”之义。在本义的基础上，“伐”从砍人头、牲畜的头引申到砍其他事物，表示“砍伐”之义。如《诗经 · 魏风 · 伐檀》：“坎坎伐檀兮。”《庄子 · 山木》：“直木先伐，甘井先竭。”此外，“伐”还引申为攻打、征伐之义。如《左传 · 庄公二十九年》：“凡师有钟鼓曰伐，无曰侵。”《孟子 · 告子下》：“是故天子讨而不伐。”除了表示动词外，“伐”还可引申用来表示名词，意为“功劳”。如《汉书 · 高帝纪上》：“(怀王)

非有功伐，何以得专主约。”颜师古注：“积功曰伐。”《史记·项羽本纪》：“自矜功伐，奋其私智而不师古。”

“假道伐虢”是三十六计中的第二十四计。“假道”是借道的意思，“伐”是征伐之意，“虢”是春秋时期的一个诸侯国名。该计语出《左传·僖公五年》的一则战争故事。春秋时期，虞、虢是晋国邻近的两个小国家。晋国想吞并这两个小国，但是要进攻虢国就必须先经过虞国。于是，晋献公就拿名马和美玉去贿赂和讨好虞国，目的是借虞国的路让晋军通过。虞国大夫宫之奇知道晋献公另有企图，便劝虞公不要答应晋军的要求，并且分析道：“虢与虞两个国家，一表一里，辅车相依，唇亡齿寒。如果虢国灭亡，那么我们虞国也将遭此厄运。”然而目光短浅、贪财愚昧的虞公根本不听劝，竟然同意了晋军借道攻打虢国。虢国万万没想到晋军会从兄弟之邦虞国打过来，一时惊慌失措，晋军不费吹灰之力就把虢国灭了。然后，晋军再从原路回师，趁虞国毫无防备，一举又消灭了虞国。虞公这才后悔为了眼前的一点利益，最终招来了亡国之祸。

在现实生活中，为了达到自己的目的，很多人都会利用可以利用的一切，找出一个个合情合理的借口，这其实就是“假道伐虢”之计的运用。他们以蒙骗利诱、借机攻取的手段，然后再用一个冠冕堂皇的幌子，利用甲做跳板，去对付乙，达到目的之后，又回过头来把甲也一起消灭。这一手段比过河拆桥还要狠。这一计若成功则一石二鸟，若失败则偷鸡不着蚀把米，收益大风险也大。因此，在行动的时候一定要注意隐藏自己的企图，骗取作为跳板方的完全信任，使其毫无戒备。

生存的基本之道就是：如果你不利用别人的优势，别人就会利用你的优势。面对这种计谋，弱者在强者的压迫下求得生存是很困难的。为了保障弱者的生存安全，就必须具备如下几个条件：第一，需要有正确的判断能力，对

晋国“假道伐虢”
引自《三十六计》第119页 新疆青少年出版社 黄平之 译注 2006年3月

于强者的要求，不能不论是非都一概答应，即使被迫答应了也要做好最坏的打算和充足的反抗准备；第二，我方内部要保持团结，避免对方的挑拨性行动，防止他们乘隙进攻；第三，具备良好的外交能力，做到八面玲珑，与强者保持良好的外交关系，然后依靠强者逐步发展壮大，支援其他弱者并联合弱者，从而增强自身的实力。

并战计

【第25计　偷梁换柱——“偷”】

前几年，网络上的“偷菜”游戏曾风靡一时，以至于“今天，你偷菜了吗”也成为当时最时髦的问候语。大家只要登上QQ、开心网页就可以在网络中种菜、收菜、偷菜。为什么大家都对偷菜这么感兴趣，甚至还有人牺牲宝贵的睡眠时间和工作时间来专门偷菜呢？我认为沉迷于此游戏的这些人不光只是为了消遣娱乐，最主要是因为此种游戏满足了他们在现实生活中想干却又因为道德约束不能干的事情——“偷”。在虚拟的世界中，他们可以趁好友不在，偷盗他们辛苦种出来的果实，然后“卖钱”，“买”更多的东西，赚更多的金币，这种不劳而获的快感在受行为约束的现实生活中是不可能轻易感受到的。

根据现存的文献资料，甲金文中未见“偷”字。《居延简甲·一三三七》中的“偷”作，《汉印征》中的“偷”作。许慎在《说文解字》中没有收录

该字。但《说文解字·女部》中收录了“媮”字，小篆字形作，许慎解释该字的意义为“巧黠也”。段玉裁注：“偷盗”的“偷”应该写作“媮”。该字为“讬侯切”，与今天我们通用的“偷”字音相同，意义也基本一样，只是形符不同，一个为“亻”部，一个为“女”部，但都与人相关。因此，我们以为，“媮”与“偷”应该是一组异体字。

在文献中，“媮”用作“偷盗”的例子几乎没有，一般都用为“愉快”之义，而“偷”用作“偷盗”的频率很高，久而久之，两个字就有了固定的分工，“媮”就专门用来表示“愉快”，而“偷”就用来表示“偷盗”之义了。

但是，“偷盗”并不是“偷”的本义，“偷”的本义应该为“苟且”。如《国语·晋语》：“其下偷以幸。”韦昭注：“偷，苟且。”《礼记·表记》：“子曰：‘君子庄敬日强，安肆日偷。’”郑玄注：“偷，苟且也。”又如《左传·襄公三十一年》：“孝伯曰：‘人生几何？谁能无偷？……’”《老子·第四十一章》中有：“建德若偷。”这几处的“偷”都用为本义。

“偷”表示“偷盗”之义出现得比较晚，先秦时期表示“偷盗”之义都用“窃”“盗”来表示。如《尚书·费誓》中：“……窃马牛，诱臣妾，汝则有常刑。”《左传·文公十八年》：“盗器为奸。”也有一些先秦文献中，以“盗窃”两

老子　漫画
引自《老子说：智者的低语》第15页　蔡志忠
三联书店　2000年1月

字合用来表示“偷盗”之义。如《墨子·非命上》:“治官府则盗窃，守城则崩叛。”又如《荀子·君子》:“天下晓然皆知夫盗窃之人不可以为富也。”直到秦汉时期，“偷”才出现表示“偷窃”的意义，在文献中用例也比较少。如《淮南子·道应》:“楚将子发好求技道之士，楚有善为偷者往见。”或者“偷”与“盗”两字连用，如《汉书·赵尹韩张两王传》中:“长安市偷盗尤多，百贾苦之。”到了魏晋南北朝时期，“偷”表示“偷盗”之义的用例明显增多，并且逐渐取代了“盗”与“窃”的地位，这样的格局一直保持至今。如《世说新语·言语》:“……会曰:‘偷本非礼，所以不拜。’”《百喻经·偷牦牛喻》:“……又问:‘当尔偷牛，非日中时耶?’”

“偷”除了表示本义“苟且”，常用义“偷盗”之外，还可以引申用来表示“取”或“抽出”之义。如《淮南子·说林》“狗彘不择甂瓯而食，偷肥其体”中的“偷”为“取”之义，王安石《游土山示蔡天启秘校》“强偷须臾乐”中的“偷”用为“抽出”之义。

“偷梁换柱”是三十六计中的第二十五计，又叫“偷天换日”之计，其来源于商纣王“换梁易柱”的传说。据说他力大无穷，能够拉动九头牛，换梁易柱。后来，换梁易柱在流传过程中，变成了“偷梁换柱”。该计的原意是指用偷换的办法，在暗地里用梁来换柱。比喻玩弄手法，暗中改变事物性质，用假的换真的，用次要的换主要的，用坏的换好的。

此计用在军事上，表示调动敌人，分散敌人主力，乘机消灭敌人。三国时期，魏国的刘放善于书写并伪造书信。魏青龙初，孙权与诸葛亮联合想要攻打魏国。不久，魏国的探马截获了孙权写给诸葛亮的书信，刘放便依照孙权的口气改写了这封信，言语中流露出孙权要归顺曹魏之意，然后再把这封掉了包的书信送给诸葛亮看。诸葛亮看了信之后，怀疑孙权别有用心，回信强调了吴蜀联盟的重要。孙权接到书信后十分吃惊，便向诸葛亮作了详细的解

刘放献"偷梁换柱"之计
引自《三十六计经典故事》第237页 纪江红 编 北京出版社 2005年7月

释说明。但此事还是让本来就很脆弱的吴蜀联盟产生了阴影。在这个事件中，刘放就用了"偷梁换柱"之计，使敌人阵营互相猜疑，转嫁了敌我双方的矛盾，控制住了事态，解了魏国之围，达到了自己的目的。

在商品市场中，"偷梁换柱"之计也被广泛运用，如"挂羊头卖狗肉"就是典例。从前，有一个卖狗肉的小贩，生意一直不景气。为此，他整天闷闷不乐。有一天，他忽然想到了一个办法，于是便在小摊前挂出一个羊头，人们误以为他卖的是羊肉，都纷纷前来购买，他的生意也一天天兴旺起来。这种办法虽给小贩带来了不少利润，但是这种不讲诚信的行为是不道德的，损害了广大消费者的利益，是应当被制止的。

俗话说："害人之心不可有，防人之心不可无。"在激烈的竞争中，对于"偷梁换柱"这种手段，我们要处处加以必要的防备：首先，做好安保措施，严密保护"梁"和"柱"，让对方不易接近，无法偷换；其次，不要轻信于他人，不轻易把"梁"托付于人，以防被对方偷走；第三，要与自己的盟友及时并时常沟通，保持紧密的联系，一旦发现"梁柱"被偷换时，就可以及时采取有效措施加以补救，减小损失。

【第26计　指桑骂槐——“骂”】

喜怒笑骂，皆成文章。骂，是人类思想感情的自然流露。即使是古代的圣人也骂过许多人，如宰予昼寝，子曰：“朽木不可雕也，粪土之墙不可圬也。于予与何诛？”近代文人鲁迅也是很会骂人的人，他不但敢骂，而且会骂，“骂”得有些人胆战心惊，“骂”得让人心服口服，也让人拍案叫绝。他的笔杆子就是一种无声的武器，一种会骂人的武器，一种让人屈服、让人清醒的武器。由此可见，骂人不是随便骂，骂人也是一种艺术，需要智慧和讲道理的，比如“指桑骂槐”就是骂的技巧之一。

根据现存的资料，甲金文中皆未见“骂”字，《侯马盟书》中的“骂”字写作，该字形与“骂”的繁体字形“罵”的部件组成是一致的，“罵”的小篆字形作。《说文解字 · 网部》：“罵，詈也。”《说文解字 · 网部》：“詈，罵也。”这两个字是同义互训，本义都是责骂的意思。“罵”字从网马声，“马”这个部件

鲁迅像

引自《鲁迅像传》第85页 黄乔生 贵州人民出版社 2013年7月

不仅仅是声符，还可表意。从字形上看，这个字所要表达的意思是一张网落在马的头上，预示着马受到了羁跸，不能脱身。而“责骂”本来就是从语言上攻击他人的一种手段，使对方受到阻碍。再者，“马”这个部件是否还预示着骂人是不文明的行为，这种行为和畜生没什么差别？

“骂”这个字在先秦古籍中用得比较少，表示“责骂”义主要用“詈”来表示。如《尚书·周书·无逸》：“厥或告之曰：‘小人怨汝詈汝。’”《诗经·大雅·桑柔》：“凉曰不可，覆背善詈。”《楚辞·离骚》：“女媭之婵媛兮，申申其詈予。”据一些学者的调查和研究，“骂”字最初出现在战国初期的《左传·昭公二十六年》中，曰：“冉竖射陈武子，中手，失弓而骂。”战国末期，“骂”与“詈”经常以同义关系一起使用在典籍中，直到汉代以后，“骂”字的使用频率逐渐提升，并且基本上取代了“詈”的地位。如《淮南子·说山》中有：“烹牛以飨其里，而骂其东家母，德不报而身见殆。”《史记·魏公子列传》有：“市人皆观公子执辔，从骑皆窃骂侯生。”刘向编著的《说怨》和《新序》中都用了“骂”字，而没有用“詈”字。如《说怨·杂言》中：“是以孔子家儿不知骂，曾子家儿不知路。”《新序 · 善谋下》:“汉王辍食吐哺，骂曰:‘竖儒几败乃公事。’”今天我们所看到的现代汉语的双音词“詈骂”，是新词和旧词的同义复合。另外，需要指出的是，骂的意义比较单一，从古至今就只有“责骂”一个意思，说明该字的意义相当固定。

“指桑骂槐”是一种非常高明的骂人手段，它作为三十六计中的第二十六计，计名见于《金瓶梅词话》第六十二回:“他每日那边指桑树骂槐树，百般称快；俺娘这屋里分明听见，有个不恼的?”该计的原意是指表面上指着桑树，实际上是在骂槐树。比喻表面上骂这个人，实际上却是在骂另一个人。一般来说，目标对象比被骂的这个人要难对付，地位要更高一些。因为从字面上看，槐树和桑树是两种差别很大的树。槐树枝多叶茂，绿荫如盖，而桑树叶疏枝小，乡村随处可见，所以相比较而言，槐树是比较高贵的一种树，古代公卿大夫都喜欢种槐树在自己的院子里，以象征自己不同寻常的身份地位。

该计用在军事上，主要目的是为了杀鸡儆猴，树立威严。西汉时期的韩信，出身贫寒，得到刘邦的赏识，却为一些老臣武将所看不起。一天，他集合操演，监军殷盖并没有把他放在眼里，故意迟到六七个小时才到。韩信严肃地对他说:“藐视军令，依法当斩。”殷盖不以为然，强词夺理，韩信非常愤怒，让手下把他绑了起来，并一一细数他违反军令所造成的危害和不良影响，及所应当承担的惩罚。当殷盖听了军政司曹参判他“当斩”之后，他才知道闯了祸，吓得魂不附体，求樊哙说情也无济于事。辕门外有人知道了这个消息，便快马加鞭告诉了刘邦，刘邦立马派手下郦大夫送手书去求情。郦大夫带随从风风火火地闯入了军营，被守卫拦住，韩信说:“军中不准驰骤，你熟练军法怎么还明知故犯。”郦大夫赶忙解释说奉汉王之命来的，韩信说即使是这样也不能犯了军规，并下令要斩马夫以彰军令。不一会儿，殷盖和马夫都被斩了。从此，军中各将士都不敢小瞧韩信了，也不敢违背军令了。在这则故事中，韩

韩信依法斩监军
引自《三十六计故事 全彩》第140页 张兴东 主编 宁波出版社 2013年4月

信就是运用了“指桑骂槐”之计树立了自己的威信。

“指桑骂槐”用的是间接的旁敲侧击的方式使对方慑服，然后不战而胜。比如西汉时期的东方朔就巧妙地运用了此计帮助留住了汉武帝的乳娘。西汉时期的汉武帝嫌喂大自己的乳娘好管闲事，受不了她每天在耳边唧唧歪歪，于是决定将她迁出宫外住。乳娘在宫里待了几十年，当然不愿意离开宫廷，于是便向汉武帝身边的红人东方朔求救，希望他能帮她说几句话。东方朔安慰她说：“当你向皇上辞行的时候，回头多看他几次，我就有办法了。”在乳娘叩别汉武帝那一天，乳娘流下了满眼不舍的泪水，并且频频回头看武帝几次，这时东方朔趁机大声说：“乳娘，你快走吧！现在皇上已经用不着你喂奶了，你还担心什么呢？”汉武帝一听这话，顿时想起了以前乳娘喂养他的一幕幕场景，心里一阵阵愧疚和难过，于是就立刻收回成命，继续留乳娘在宫里。

在现实生活中，如果我们遭受了不公平的待遇，忍无可忍时，也可以使用“指桑骂槐”之计来予以还击，及时挽回自己的尊严。面对别人的“指桑骂槐”，我们则可以采取以下防范对策：首先，要分清虚实，通过观察和分析，弄清真相。不轻易相信对方的言辞，不被对方虚假的强硬措辞吓倒，这样的话，对方就会知难而退。其次，团结一切可以团结的力量。俗话说，一根筷子容易断，一把筷子难折断。在对方力量很强大而我们自己一时无法与之抗衡的情况下，我们就要联合众小以抗一强，形成“好虎抵不住一群狼”之势，孤立对方。其三，常言道“枪打出头鸟”，在一般情况下不要为天下先，要三思而后行，否则就会白白牺牲成了炮灰。其四，当“桑树”被骂时我们不能袖手旁观，应千方百计给予支援，顶住对方的气势，不致对方产生更大的杀伤力，伤及我们自身。因为有时救人即是自救。

当然，当双方发生矛盾时，如果可以用和平谈判的方式，就尽量不要用指桑骂槐或恶语攻击的方式解决。互相宽容，互相体谅，或者深呼吸，控制住自己的愤怒和情绪，“以退为进”，这样既有利于问题的合理解决和友好关系的继续维持，又有利于保持身心健康，何乐而不为呢？

【第27计　假痴不癫——“痴”】

“痴”本是人的一种精神病态，是指愚蠢、呆头呆脑的意思。在实际运用中，我们却反其道而用之，运用物极必反的道理，把它作为一种意志，塑造人执着专一、锲而不舍的精神世界。于是，痴还可以用来表示执着于某事不能自拔，无论对错都坚持到底的一种迷恋、执着的状态。就像蜜蜂痴恋着花朵，而花朵让蜜蜂沉浸在花的芳香和甜蜜中；就像鱼儿痴恋着河流，而河流用温柔的波浪包裹着鱼儿；就像小鸟痴恋着大树，而大树用温暖的怀抱爱护着鸟儿……

世间“痴”有百态，比如我们把没有方向感或者方向感差的人称为“路痴”；把过分仰慕异性以致失去自我的人称为“花痴”；把迷恋于爱情，为爱痴狂的人称为“情痴”；把那些读书成癖而失去常态的人称为“书痴”，等等。

痴态

引自《三十六计》第135页 新疆青少年出版社 黄平之 译注 2006年3月

“痴”字出现得比较晚，根据现存的文献材料，在甲金文中未发现该字形。该字的小篆字形作，从疒疑声，其构件正是今天我们所看到的“痴”的繁体字形“癡”。“痴”与“癡”只是选取的声符不同。该字的义符为“疒”，“疒”字甲骨文中就已经出现，作（《甲骨文合集440》），像人卧病在床的样子。“痴”字从“疒”，说明“痴”的意思与病有关。《说文解字 · 疒部》释“痴”为“不慧也”，就是呆傻、迟钝的意思。段玉裁注：“此非疾病也，而亦疾病之类也，故以是终焉。”意思是，“痴”虽说不是什么疾病，但也属于疾病之类，因为它是一种伴随终生的症状。

“痴”字在先秦时代很少见。《太平御览》所引《周书》逸文中有“痴”字：“太公望忽然曰：‘不痴不狂，其名不彰，不狂不痴，大事不成。’”《山海经 · 北山经》中有：“（人鱼）食之无痴疾。”《韩非子 · 内储说上七术》中有：“婴儿、痴聋、狂悖之人尝有入此者乎？”但是，这些有“痴”的例子也不能完全确认一定就是先秦时代的。

“痴”字产生于西汉是毋庸置疑的，如《急就篇》中就已经把“痴”明确归入“呆”类七病中，从东汉中叶之后，“痴”就成为“愚笨”的一个通用的口语词。如王充《论衡》之《率性》记载：“有痴狂之疾，歌啼于路。”南朝《世说新语·赏誉》：“王蓝田为人晚成，时人乃谓之痴。”“痴”的感情色彩近于今天的“傻”而不同于“笨”。在本义的基础上，“痴”又引申用来表示迷恋某种事物而沉迷不悟。如南朝梁简文帝《与广信侯重述内典书》：“缘痴有爱，自嗟难拔。”再如《新唐书·窦威传》：“家世贵，子弟皆喜武力，独威尚文，诸兄诋为书痴。”

“痴”是一种真情实露，没有人能够抵挡你的痴劲，但如果是假装痴癫就是一种虚伪了。如三十六计中的第二十七计“假痴不癫”说的就是这种计谋。此计名是从民间俗语“装疯卖傻”“装聋作哑”等转化而来。《孙子兵法·九地》中对此计有专门论述：“能愚士卒之耳目，使之无知；易其事，革其谋，使人无识；易其居，迂其途，使人不得率。”该计的原意是指假装呆子傻瓜，而实际上内心却非常清醒和聪明。正如老子所说的“大巧若拙”，孔子所说的“大智若愚”。这是韬晦之计，在时机不成熟之时，表面上装疯卖傻，给人以一种与世无争和柔弱无能的印象，隐藏自己的才能，掩盖自己的真实意图，以退为进，暗自修学储能，等待时机成熟，再实现自己的意图。

古人说：“假作不知而实知，假作不为而实不可为，或将有所为。当其机未发时，静屯似痴；若假癫，则不但露机，且乱动而群疑。故假痴者胜，假癫者败。或假痴可以对敌，并可以用兵。”三国时期，曹操与刘备青梅煮酒论英雄就是一个典型的例子。刘备曾一度和曹操共事，他一直都想恢复汉室江山，但由于实力单薄，无法和曹操抗衡，只好韬光养晦，整天饮酒作乐，或种菜除草，装作毫无进取之心，以免遭曹操猜忌引来杀身之祸。一天，曹操请他喝酒，一边喝一边和刘备讨论当时天下的英雄。刘备列举了几个人名，诸如袁

曹操煮酒论英雄

引自《三十六计故事 全彩》第146页 张兴东 主编 宁波出版社 2013年4月

绍、吕布、公孙瓒等，企图搪塞过去，但都被曹操一一否决了。此时，曹操突然说："天下的英雄就只有我和你两个人。"刘备听了，以为曹操知道了他的心事，顿时惊慌失措，吓得连筷子都掉到了地上。正巧外面惊雷响起，刘备急忙遮掩，说自己是被雷声吓掉了筷子。曹操见状，大笑不止，他觉得连雷声都怕的人还成得了什么大事呢。因此对刘备失去了戒备之心。刘备害怕以后曹操生疑，借机离开了许昌，摆脱了曹操的控制，终于成就了一番大业。

"假痴不癫"之计运用在经济上也可以达到出奇制胜的效果。如美国的商人法林为推销积压商品，想出了一个看似"倾家荡产"的办法：他做了一个广告，广告中声称他的这些商品在销售的头12天按原价出售，从第13天到第18天降价25%，从第19天到第24天，降价75%，如果第25天之后仍没有人要，那就送给慈善机构。很多人都说法林的这种方法肯定要吃大亏。实际情况是，自广告一发出去后，法林的商店就挤满了客人，商品也非常畅销。原因是他早就预料到顾客的消费心理：今天不买，明天就会被别人买走，还是早买为好。这种表面上看似亏本的生意，实际上是商家大智若愚，暗中运筹，麻痹了消费者的双眼，正所谓无商不奸。

在现实生活中，面对“假痴不癫”这种计谋，我们需要做好以下几个防范措施：第一，擦亮双眼，善于观察分析对方的情况，不被对方的装疯卖傻迷惑，及时发现对方“假痴”的蛛丝马迹；第二，当我们已经发现了对方使用“假痴不癫”之计时，却暂时不揭穿它，将计就计，我们也假装糊涂，让对方相信我们已经上当，然后再为对方布置圈套，让他们反过来掉进我们的陷阱；第三，当我们掌握了足够的证据之后，我们也可以当面揭穿他们的把戏，让他们处于被动、尴尬的境地，没有反击的机会；第四，当对方以强示弱，坚守不击，我们可以抓住对方的要害，迫使他们与我们交战，使其“假痴不癫”之计不攻自破。

【第28计　上屋抽梯——“抽”】

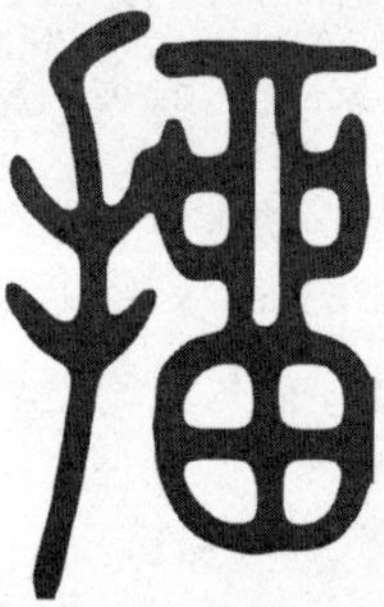

前几天，和一个朋友的孩子玩了一个抽积木的游戏，这是一个考验动手能力和大脑思维的游戏，学名叫“Jenga”，意思是“构建”。在游戏中，我们轮流从54块积木组成的积木塔中抽出一块积木，并且使之平衡地放到塔顶，去创造一个不断增高，越来越失去重心的积木塔，哪一方抽出的积木使塔坍塌哪一方就输掉游戏。因此，在整个游戏过程中，每一抽都会抽得胆战心惊，就像被人“上屋抽梯”了一样。

根据现存的文献资料，“抽”字出现得比较晚，甲金文中未见“抽”字。许慎在《说文解字》中也没有以“抽”字列一个字头，而是在《说文解字·手部》的“擂”字头下解释道：“抽，擂或从由。”由此可见，“抽”是“擂”的异体字，两字音义都相同，只是声符不同，一个从由，一个从畱。可能是“抽”字笔画较简单，书写起来比较方便，后世多用“抽”，“擂”字渐渐就不被单独使用，而只成了一个偏旁，如“籀”，该字中的部件“㨨”既是声符，又是义符。

北魏《杨乾墓志》中的“抽”作，东魏《杜文雍等十四人造像记》中的“抽”作。《广韵·尤韵》中释“抽”为“引也”，并进一步形象地指出“抽”也可以写作“绅”，这个动作意味着细引其端绪也。由此可见，“抽”的本义为“引出”。如《庄子·天地》“挈水若抽”，《左传·宣公十二年》“每射，抽矢菆”，李白诗《宣州谢朓楼饯别校书叔云》“抽刀断水水更流，举杯消愁愁更愁”，这几处中的“抽”都为“引出”之义。在本义的基础上，“抽”引申为“向上长出”和“向内收缩”之义，如晋束皙《补亡诗》“木以秋零，草以春抽”中的“抽”就是指草木长出之义，而我们日常用语中经常说的“抽风”“抽筋”“抽搐”中的“抽”都表示收缩之义。

Jenga 抽积木游戏
摄于2015年2月

此外，“抽”还可以用作量词，这是语言词汇发展的结果。比如我们在超市买的“抽纸”，这里的“抽”就从动词变成了“量词”。一盒抽取式卫生纸一般由100张或200张纸组成，商家们为了突出纸的抽取式特征，因此选取了“抽”这个耳目一新而又形象生动的量词来替代量词“张”。于是，“100张”“200张”规格的纸变成了我们在包装袋上看到的“100抽”“200抽”。随着商家的推广和消费者对抽纸的青睐，“抽”在现代社会才有了新的语言功能和意义。

“上屋抽梯”是三十六计中的第二十八计，此计出自《孙子兵法·九地》中载：“帅与之期，如登高而去其梯。”意思是说主帅给士兵们提出目标，要像登高后抽掉梯子一样，使他们只能前进，不能后退。原意是指送人上了楼之后，却把梯子搬走，使他无法再下来。

关于此计，有一个典故。据《三国志·蜀志·诸葛亮传》载，东汉末年，刘表偏爱小儿子刘琮，不太喜欢儿子刘琦。刘琦担心遭到后母陷害，便请求诸葛亮献计解围，诸葛亮拒绝了他的要求。在百般无奈之下，刘琦邀请诸葛亮到一座高楼上饮酒，并暗中派人拆走了楼梯。这时诸葛亮想走也走不了了。于是，刘琦便对诸葛亮说，这里四处无人，你说的话只有天知地知我知你知，没有其他人知晓，希望能看在我随时有性命危难的分上给我一点提示。诸葛亮见状无可奈何，便给刘琦讲了一个故事：春秋时期，晋献公的妃子骊姬想谋害晋献公的两个儿子申生和重耳。重耳知道自己斗不过骊姬，便逃亡国外。为人厚道的申生一直在晋献公的身边。一天，申生给晋献公送去吃的，没料到被骊姬作了手脚，食物被换成了有毒的食物。正当晋献公准备进食时，骊姬故意说，这食物是从外面送来恐有毒，最好让下人先尝尝看。下人尝了一点点便中毒而亡。晋献公非常气愤，责骂申生不孝，阴谋弑父夺位。申

上屋抽梯

引自《孙子兵法与三十六计　彩色图解》第360页 思履 主编 中国华侨出版社 2012年8月

生闻讯，百口莫辩，只能自刎身亡。听了这个故事，刘琦马上领悟了诸葛亮的意图，立即请求派往他处，避开后母，免遭陷害。刘琦引诸葛亮上屋，是为了得到他的指点，暗中"抽梯"，是为了断其后路，以保证诸葛亮能够被动献计。

在商业竞争中，"上屋抽梯"之计也是商家为吸引更多顾客，获取更多利益的常用手段之一。比如当今社会世界各国的航空公司之间的竞争日趋激烈，很多公司都推出累计里程赠大礼的手段来吸引来顾客：凡乘坐该公司的飞机累计里程达到 ×× 万公里时，您便可以从经济舱换到头等舱，或者可以免费搭乘一定距离的飞机，或者可以得到兑换价值 ×× 元的奖品……累计里程越多，所获得的赠礼就越丰富。对于顾客来说，无论坐哪家公司的飞机，都要花钱，当然乐意选择有好处的公司。一些老顾客为了不浪费已经累计的里程数，获得更大的赠礼，就常常继续搭乘这家公司的客机。商家正是抓住了顾客们的这些消费心理，才巧用了里程累计赠礼的方法，先示之以利，诱使乘客乘坐该公司的飞机。一旦坐上了该公司的飞机，顾客就不忍再换乘其他公司的飞机。此招也可称作是"上屋抽梯"的派生之计"上机抽梯"吧。

"上屋抽梯"这种计谋，说白了就是做好了陷阱让别人去钻，等别人进入陷阱之后，立马堵塞他们的退路，让他们进退维谷。本计的关键就在于巧设梯子，在商海中，"跳楼大甩卖""免费品尝""买就送"等手段就是商家经常使用的"梯子"，一旦引诱顾客上钩之后再用高价补回损失的利益。

在现实生活中，面对"上屋抽梯"之计，我们可以采取以下的防范对策：第一，不贪图小利。特别是在诱饵面前更要谨防上当。第二，做到眼观六路，耳听八方，善于观察和分析，能做到随机应变。第三，学会投石问路，对不了解的情况要探听虚实，不贸然行事，确定没有危险和陷阱后再行动；第四，如果不慎被骗"上屋"，而且梯子已经被抽掉时，也不能坐以待毙，要保持积极乐观的心态争取找到其他"下楼"的出路。

【第29计　树上开花——“花”】

中国是个百花盛开的国度，不同的月份有不同的花代表，如一月梅花，二月杏花，三月桃花，四月牡丹，五月石榴花，六月荷花，七月蜀葵，八月桂花，九月菊花，十月芙蓉，冬月山茶，腊月水仙。

牡丹花
摄于2015年4月

关于“花”字，不同的民族文字有不同的写法，如纳西东巴文中的“花”作，也有写作、之形的；玛丽玛莎文中的花有作之形的，也有的写作；水族文字中“花”有作之形的，也有、等形体；古壮文中的花作，虽然与东巴文、玛丽玛莎文、水文有很大的区别，字形与花的具体外形也相去甚远，但已基本勾勒出花的形象。象上有花苞、下有绿叶陪衬的花的正面之形。

在汉古文献中，“花”字出现得比较晚，《说文解字》中并没有“花”字，大多数学者认为该字在北朝之后才产生。在古文献中，“花”多用“雩”或“华”来表示。雩在金文中已经出现，如西周晚期《仲姞鬲·殷周金文集548》中的雩作，《仲义父盨·殷周金文集4387》中的雩作，春秋早期《华母壶·殷周金文集成9638》中雩作，春秋晚期《郝公华钟·殷周金文集成245》中的雩作，战国《古陶文汇编》中的雩作。小篆雩作。《说文解字·雩部》释“雩”为：“草木华也。”

“华”的繁体字作“華”。“華”是“雩”加“艸”的分化字。“華”字也早在金文中就已经出现。如《黝编镈·新收殷周青铜器铭文暨器影汇编482》中的“華”作，《吴王光残钟·殷周金文集成224》中的“華”作。《古陶文汇编》中的“華”作，《睡虎地秦墓竹简·编年纪34》中的“華”作，《马王堆汉墓帛书》中的“華”作，也有作之形的，《银雀山汉墓竹简·六韬733》中的“華”作。小篆“華”作。

《说文解字》释“華”为“荣也”，“荣”就是花，“草木华”也是花，由此可见，“雩”与“華”的本义是一样的，都表示“花”。许慎在《说文解字》中将雩、華分为不同部的两个字，其实，“華”只是“雩”加“艸”后产生的一个分化字。《辞源》中对雩、華、花这三个字的关系有比较明确的解释：“古草木之花作‘雩’，荣华之华作‘華’，隶变混为一字作‘华’，别造‘花’字。其字起于北朝，前此书中花字，出于后人所改。”也就是说，“华”是“雩”的分化字，而“花”是“华”的后起俗字，并且“花”字主要始见于北朝时期。

汉古文献中的“花”多用“华”来表示，如《诗经·周南·桃夭》：“桃之夭夭，灼灼其华。”《乐府诗集·长歌行》中：“常恐秋节至，焜黄华叶衰。”这两个例子中的“华”都是“花朵”的意思。“华”还可以引申用来表示“开花”之义，如《礼记·月令》中："(仲春之月) 始雨水，桃始华。" 江淹《效阮公诗十五首》之十五："天道好盈缺，春华故秋凋。"

在我们的眼中，花是美丽娇艳的，因此，"花" 还引申用来表示 "女子"。如唐代白居易《霓裳羽衣歌》中的："娇花巧笑久寂寥，娃馆苎萝空处所。" 人们在用花来形容或比喻事物的时候，往往表达一种怜爱之情，同时蕴含一种小巧可人的潜在意义。美丽小巧的东西往往是惹人喜爱的。"花" 是草木之 "花"，在现实中都是不大的，即使稍微大一点的花朵也是由小花瓣组成，因此，花朵给人整体的印象是美丽而小巧的。所以，"花" 又可以引申用来表示 "微小、细微" 的意思。如我们经常说 "盐花" "雪花" "葱花" "邮花" "花儿针" 等。此外，"花" 还可以假借用来表示 "耗费" 之义，如 "花钱" "花时间" 等。

"树上开花" 是三十六计中的第二十九计，是由 "铁树开花" 一词演变而来。《碧严录》上说："体去歇去，铁树开花。"《君子堂日询手镜》中说："俗谚见事难成曰须铁树开花。" "铁树开花" 是非常罕见的一种现象。据载，在上海的一个公园里曾经有过铁树开花的奇闻，对此1981年7月25日的《解放日报》还专门对此做了报道，并且还附上了这一堪称植物学奇迹的照片。

"树上开花" 的原意是指这棵树本来没有开出花，但是可以把假花粘在真的树上，人为地使它开花。在军事上指借着别人的声势来壮大自己的军威以征服敌人的一种谋略。

举个例子。三国时期，刘备一度不敌曹操。在曹操进攻樊城之时，为了使百姓免受战争之难，只能弃城而去，退守江陵，不幸的是在逃亡途中与妻子及幼子走散。大将赵云奋不顾身，救出他们母子，但曹军穷追不舍。到了长坂桥处，赵云已经筋疲力尽，幸好张飞前来接应。只是张飞兵力单薄，只带了二十多个骑兵，敌众我寡。危难之时，张飞心生一计，命所有士兵到桥东的树林里砍下树枝拴在马尾上，然后在树林里策马来回奔走，树林里的尘土被树

铁树开花，引人驻足
《城市快报》，2015年5月2日

枝搅动得漫天飞扬，远看就如同千军万马远道而来。张飞手持长矛怒目而视，曹军见状不敢上前，只好叫人禀报曹操。曹操听说，立马赶来指挥。张飞见曹操亲自前来，突然大声喝道："我张飞在此，谁敢上来与我决一死战？"曹操见张飞如此非凡气概，又怕中诸葛亮的计，准备退军。张飞见状又大吼一声："战又不战，退又不退，却是何故？"这一声吼得地动山摇，吓得曹军士兵掉头就跑。张飞见曹军退去，也不敢追击，策马回营。张飞在这场战争中，就用"树上开花"之计制造了伏兵的假象，又加上自身的威猛，一举吓退曹军，可见，张飞也并非是有勇无谋的莽将。

一棵普通的树，对人的吸引力当然有限，但是一旦开满了五颜六色的鲜花，就会大大增强它的吸引力，让人驻足留恋。很多商家就是运用这样的原理，采用"树上开花"的手段来提高市场竞争力。比如，在二十世纪六十年代之前，香港的中档铅笔市场一直为日本的克丽牌铅笔所占领。直到1960年，我国内地的中华牌铅笔打入了香港市场，由于价廉实用，受到了香港市民的青睐，销量逐步升高，克丽牌铅笔逐渐被挤出了香港市场。随着人们生活质量的提高，他们不再只着眼于价廉实用，美观精致也成了购买物品时追求的

张飞施“树上开花”之计阻止曹操追击

引自《名家注评孙子兵法与三十六计下》第784页 邹德金 天津古籍出版社 2008年9月

目标之一。日本厂家分析了这一形势后，在70年代末期对克丽牌铅笔进行了品种、款式、包装上的精心改造，顿时博得了香港人的喜爱并重新占领了市场。从这个事例中，我们得到的启发是：当我们自己处于劣势的时候，要隐瞒自己的真实实力，即使乏力也要故作很有实力的样子，让对方摸不清情况。然后看准时机和形势，努力修炼自身，改造自身，以便能出奇制胜。所以，合理地运用“树上开花”之计，就可以带来“置之死地而后生”的效果。

在现实生活中，面对“树上开花”之计，我们可以采取如下防范对策：首先，当我们不小心被对方当成“树”来利用时，我们也可以顺水推舟，秘密部署，让对方也成为我们的“树”，达到互相利用的目的，免得我们白白为对方服务；其次，不轻举妄动，试探性地去侦查对方的一举一动，获得可靠消息后再选择是正面较量还是及时撤退；第三，当对方用“树上开花”之计来企图吓倒我们，我们可以以其人之道，还治其人之身，也用“树上开花”之计来迷惑他们，化被动为主动。

〖第30计　反客为主——“反”〗

中国自1978年实行改革开放以来，引入了国外大量的先进技术和先进设备，也扩大了出口创汇，这大大提高了我们的生产效率和技术水平。然而，“洋货”的大肆进口，也在一定程度上危害了我国民族工业的发展，比如国外的电子产品、家用电器、小汽车等受到了国内人民的广泛青睐，甚至在某些领域“反客为主”，将“国货”挤出了国内市场。近几年，随着国内的食品、化妆品等质量安全检测不合格事件的曝光，也大大推动了国人崇洋媚外的浪潮。在这样的形势下，我们更要增强自身的实力和民族自信心，防止对方在国内市场“反客为主”。

“反”字出现比较早，甲骨文中已有记载，有作之形（《甲骨文合集36537》），也有作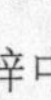之形（《甲骨文合集36819》）。在卜辞中，“反”字可用作地名。如卜辞“癸巳卜在反贞王”（《前二·四·一》）。又如卜辞“癸巳王卜

贞旬亡祸在反”(《续六 · 一 · 七》)。

从字形上看，“反”字从又从(厂)。金文及简帛、小篆中的“反”基本都沿承了甲骨文字形。金文如《成鼎 · 殷周金文集成2694》中的“反”作，西周早期《太保簋 · 殷周金文集成4140》中的“反”作，《柞伯簋》中的“反”作。西周晚期《师寰簋 · 殷周金文集成4313》中的“反”作，《颂簋 · 殷周金文集成4339》中的“反”作，《颂盘》中的“反”作，战国早期《曾侯乙钟(中一1) · 殷周金文集成298》中的“反”作。竹简如战国时期《包山楚简 · 文书88》中“反”作，《郭店楚墓竹简 · 成之闻之12》中的“反”在“反”的基础上加了一个部件“一”，作之形，《郭店楚墓竹简 · 老子甲22》中的“反”作，《上海博物馆藏战国楚竹书二 · 容成氏成氏46》中的“反”作，《上海博物馆藏战国楚竹书一 · 孔子诗论12》中的“反”作，《睡虎地秦墓竹简》中的“反”有的写作，有的作之形，西汉《张家山汉简 · 脉书20》中的“反”作。小篆“反”作。

《说文解字 · 又部》释“反”为“覆也”。段玉裁在“覆”字下注:“覆者，倒易其上下。”可见，依照许慎的说法，“反”的本义是正反的反。其实，这并

师寰簋及其铭文

引自《中国青铜器图录》第279页 李建伟 牛端红 编著 中国商业出版社 2000年5月

非“反”的本义,而是“反”的引申义。

关于“反”的本义,文字学家杨树达有很好的解释。他说,该字从又从厂(厂),是一个会意字,“又”是手,“厂”为山石崖岩,本义是人以手攀崖。并且,“反”应该为“扳”的本字,“扳”是“反”的基础上加意符“手”的后起字。经传有扳字,如《公羊传·隐公元年》曰:“隐长又贤,诸大夫扳隐而立之。”何注云:“扳,引也。”《礼记·丧大记》注云:“承衾哭者,哀慕若欲扳援。”释文云:“扳本又作攀。”又《庄子·马蹄篇》:“鸟鹊之巢可攀援而闚。”释文曰:攀又作扳。其中的“攀”即《说文》中的𠬜字。这些都说明了𠬜、扳、攀其实都是一个字。𠬜与扳为同字,反与扳亦为同字,所以,反与𠬜当为一字。𠬜象反手向外之形,人以手攀崖,亦必反其手,故“反”之引申义为正之对,为反覆。杨树达的说法得到了多数学者的支持和认同。

在汉文典籍中,“反”基本都用为引申义,如《汉书·枚乘传》“易于反掌,安于太山”中的“反”为“翻转”之义,《史记·齐太公世家》“纣反走登鹿台,遂追斩纣”中的“反”为“转到相反方向”之义,《易·说卦》“……其于稼也,为反生”中的“反”为“颠倒,方向相背”之义。此外,“反”还可引申来表示“返回”的“返”,如《楚辞·离骚》中有:“悔相道之不察兮,延伫乎吾将反。”另外,“反”亦可引申为“背叛”之义,如《吕氏春秋·古乐》:“成王立,殷民反。”高诱注:“反,叛。”

成语“反客为主”中的“反”为“转换”之义。“反客为主”是三十六计中的第三十计。此计最早出自《唐太宗李卫公问对》一文。太宗问:“兵贵为主,不贵为客,贵速不贵久。何也?”靖答:“兵不得已而用之,安在为客且久哉?孙子曰‘运输则百姓贫’。此客之弊也。”又曰:“‘役不再籍,粮不三载。’此不可久之验也。臣较量主客之势,则有变客为主,变主为客之术。”原意是指主人不善于招待客人,反受客人的招待。在军事上是指借助某种条件,使

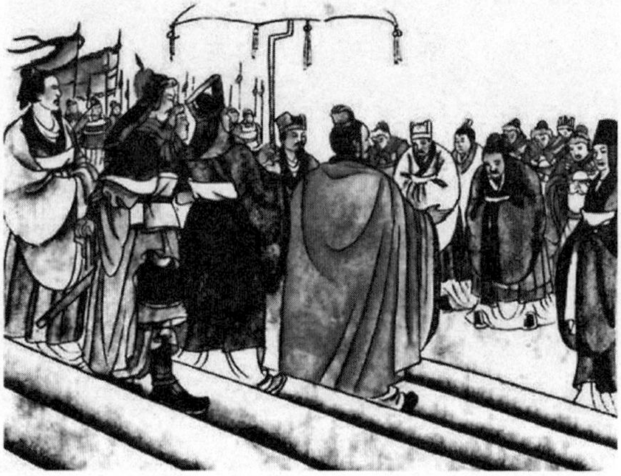

袁绍"反客为主"占冀州

引自《孙子兵法与三十六计彩色图解》第376页 思履主编 中国华侨出版社 2012年8月

被动的一方拿到主动权。

举个例子。三国时，袁绍屯兵在河内，粮草缺乏。冀州主将韩馥知道后，主动派人送去粮草帮袁绍解燃眉之急。但袁绍听取了谋士逢纪的策略，准备恩将仇报，夺取韩馥的粮仓——冀州。袁绍首先给公孙瓒写信，欲与他一起攻打冀州，这一想法与公孙瓒一拍即合。然后，袁绍又派人秘密通报韩馥，说公孙瓒要来攻打冀州，让韩馥小心迎敌。惊慌失措的韩馥权衡利弊之后决定主动邀请袁绍带兵来保住冀州，殊不知他已经在引狼入室了。袁绍进驻冀州后，表面非常尊重韩馥，其实另有图谋。没过多久，他就将韩馥的旧部尽悉解职，以自己的部将掌握冀州的军政。事到如此，韩馥才恍然大悟，懊悔不已，无奈只能拱手让出冀州，投奔他处。不难看出，袁绍巧妙地使用了"反客为主"之计，使自己变被动为主动，轻松达到了目的。

在日常生活中，"反客为主"也经常被使用。比如，意大利米兰足球俱乐部的一位著名职业球星想得到更高的酬金，他几次提出要求都被总经理断然拒绝了。因为在合同中明确写着球星不能跳槽的"保留条款"。为此这位球星经过苦苦思考，终于想出了一个办法：这个规定只是说不能跳槽到其他的俱乐部，但没有说不准退出体育界。这位球星大名鼎鼎，深受广大球迷的喜欢，自从他把这个决定告诉媒体之后，报纸、电视、网络都对此进行了大肆报道。这样一来，总经理受到了巨大的压力，为了长远利益，不得不答应了球星的加薪要求。这位球星就是利用外力给总经理施加压力，反客为主，化被动为主动，最终达到了自己的目的。如果生活中的你也有足够的工作能力和实力，也有想加薪的愿望，不妨也试试这招。

值得注意的是，与三十六计中的其他计谋不同，“反客为主”的较量双方是“客”与“主”的朋友或同盟关系，而不是敌对关系。因此，成功运用此计的关键就在于利用对方内部的矛盾来把握和改变自己的命运，以达到自己的目的。从算计自己的朋友和盟友这个角度上讲，这一计应该算是达到了“厚黑学”的最高境界了吧。

若要对付“反客为主”之计，我们可以采取以下防范措施：其一，做事要小心谨慎，考虑周密，即使是在自己的朋友面前，也不轻易外露自己的漏洞或弱点，若出现了漏洞也要及时弥补，不让对方有隙可乘。其二，警惕那些不请自来的不速之客，不要碍于情面而不好意思下逐客令。其三，如果对方已经插足进来，不能随便将机要大权让给对方。其四，如果我们已经被人“反客为主”了，也不能自暴自弃，要想尽办法重整旗鼓，东山再起，重新夺回主人的位子。

败战计

【第31计　美人计——“美”】

有人说，美是一种感觉，是山清水秀的美，是山珍海味的美，是文采斐然的美，是才子佳人的美，是道德高尚的美，是……美的形式多种多样，无法名状。而爱美之心，人皆有之。人人皆知美之为美，那么，美究竟是什么呢？首先我们从“美”字开始谈起。

“美”字在甲骨文中就已经出现，并且字形比较多样，如《甲骨文合集27352》中的“美”作，也有的字形线条比较粗大，如《甲骨文合集35346》中的“美”作；有的字形大小比例不均衡，上部分小，下部分大，如《甲骨文合集22044》中的“美”作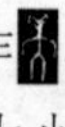，又如《殷墟文字甲编·六八六》中的“美”作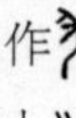；有的字形上下两部分大小比例比较协调，如《殷墟文字乙编·五三二七》中的，《京都大学人文科学研究所所藏甲骨·九八一》中的，《甲骨文字诂林·二二四》中的；也有的字形笔画相对来说比较圆滑一些，如《殷墟文

字甲编·一二六九》中的“美”作。金文“美”基本沿承了甲骨文字形，如《殷周金文集成9086·美爵》中的“美”作，《殷周金文集成9735·中山王嚳方壶》中的“美”作。

简帛、小篆及碑刻中“美”与甲金文差别不大，如《睡虎地秦墓竹简·日书甲种157背》中的“美”作，西汉《马王堆汉墓帛书·战国纵横家书》中“美”作，小篆“美”作，北魏《元敷墓志》中的“美”作，隋代《郭王墓志》中“美”作。

许慎根据“美”的小篆形体，在《说文解字·羊部》中释“美”为：“甘也。从羊从大。羊在六畜主给膳也。美与善同意。”也就是说，许慎认为“美”的本质是从羊大而来的“甘”的味美。这一释义被古人广为接受，此后宋代徐铉及清代段玉裁、王筠等文字学家都继承了这一观点并加以补充疏解。如徐铉在校订《说文解字》时补充说：“羊大则美，故从大。”段玉裁《说文解字注》中说：“甘者，五味之一，而五味之美皆曰甘。引伸之凡好皆谓之美。……羊大则肥美。”王筠在《说文解字》卷七中也说：“羊大则肥美。”

直至甲骨文“美”的出现，近人对“美”的本义有了新的看法。如李孝定在《甲骨文集释》中说：“美，疑象人饰羊首之形。”大概是古人认为一个戴着羊角饰物的正立之人看上去是美的。我们以为，在东汉时代，许慎还没有见到“美”更原始的甲骨文形体，因此许慎的解释不是对“美”字造字意义的解释，“甘也”是“美”字的后起之义。关于这一点，徐中舒在《甲骨文字典》中指出：“《说文》以味甘为美当是后起之引申义。”李孝定也提出：“羊大则肥美，乃据小篆形体附会之谈。”我们以为，这样的说法是比较合理的，因为文字本义的阐释要符合文字形体演变的事实。从各个时代的不同字形上看，“美”字的上部分象羊角或羽毛一样的饰物，下部分象一个站立着的正面人，合起来象一个戴着羊角饰物的正面站立的人之形。现在有些地区的少数民族，有

戴羽毛头饰的纳西族东巴
引自《纳西族古传祭祀乐舞的类型及特征》王美佳，彭黄《民族音乐》2015年第1期

的仍然保持着戴两角或四角的风尚，再如北美的印第安人，男性多以各类鸟羽做成冠饰，以示威武。

所以，“美”的本义应该是指戴着羊角或羽毛头饰的正面站立的人的形象美。后来才引申到味美、风景美、道德美等其他各个方面的美。如《战国策 · 齐策》：“我孰于城北徐公美？”《吕氏春秋 · 慎行》：“王为建取妻于齐而美。”《孟子 · 梁惠王下》：“百姓闻王车马之音，见羽旄之美，举欣欣然有喜色而相告。”这几处的“美”都是指形貌好看。《孟子 · 尽心下》：“脍炙与羊枣孰美？”宋代苏轼《颜乐亭》：“天生烝民，为之鼻口；美者可嚼，芬者可嗅。”这两处的“美”皆为“味道可口”之意。《楚辞 · 离骚》：“纷吾既有此内美兮，又重之以修能。”《韩非子 · 解老》：“夫物之待饰而后行者，其质不美也。”此两处的“美”为质量优良之意。《论语 · 八佾》：“子谓《韶》尽美矣，又尽善也。”这里的“美”是艺术美之意。

美的范围很广泛，只要有一双发现美的眼睛，那么美便无处不在。但是，在被美吸引的同时，也可能被美迷惑了双眼，造成一失足成千古恨的后果。正所谓英雄难过美人关。

“美人计”是三十六计中第三十一计，是一种以美女诱人的计策。此计来源于《韩非子·内储说下参疑五》：“敌之所务，在淫察而就靡，人主不察，则敌废置矣。故文王资费仲，而秦王患楚使，黎且去仲尼，而干象沮甘茂，是以子胥宣言而子常用，内美人而虞、虢王。”

在中国历史上众多的美人计中，最著名的莫过于春秋时期吴越相争时越国对吴国实行的美人计了。为了消磨吴王的斗志，让他沉迷于酒色之中，越王决定向吴王进献美女，结果西施和郑旦两位绝代佳人被选中。越国大臣范蠡有目的地专门训练了她们三年时间，直到她们能歌善舞、动人心弦之后才将她们送给吴王。吴国大臣伍子胥识破了越国的计谋，大胆规劝吴王：“夏因

夫差宠爱西施

引自《孙子兵法与三十六计彩色图解》第386页 思履 主编 中国华侨出版社 2012年8月

妺喜而亡，商因妲己而亡，周因褒姒而亡。美女是祸水，大王万万不可收下。”然而，当吴王夫差一见到“回眸一笑百媚生”的西施就被深深地吸引住了，大臣们所有的忠告都抛到了九霄云外。从此以后，吴王夫差夜夜笙歌，整日与美人饮酒作乐，根本无心过问政事。伍子胥几次进谏无效，被迫自尽。越王勾践眼看密谋就要得逞，暗暗高兴。公元前482年，吴国大旱，勾践乘夫差北上会盟之时，突出奇兵伐吴，吴国终于被越国所灭。

在商业竞争中，“美人计”的常用妙法就是把丽人、佳媛充当广告的主角，迎合消费者的爱美心理和感官刺激，从而达到宣传的目的。比如现在的某些酒店，都会安排笑容可掬的美女站在门口热情迎宾，她们打扮入时，举止文雅，彬彬有礼，让人感觉非常舒服，顾客们无意间就会提高对这家酒店的印象分。又如现在的挂历、各种杂志的封面还有车展等，也多用美人的形象来引人注意，这些都不是为了宣传美人本身，而是利用这些美人来招引顾客，借此获取更多的利益。实践结果也表明，在销售行业中，女士的推销业绩确实比男士的推销业绩要高一些。

那么，面对“美人计”，我们应该采取怎样的方式加以抵抗呢？第一，将“美人”拒之门外，不给对方任何耍小手段的机会。第二，如果“美人”对壮大我们的实力有至关重要的作用，也不妨先收下来，但要严加防范，防止对方利用美人来获得我方情报。待拿到确凿证据之后，也可以当场拆穿对方的阴谋，将其“画皮”内包着的“魔鬼”暴露于光天化日之下，一举消灭。第三，培养自身的坚强意志和控制力，做到心诚志坚，那样的话即使美人再美，也不会被迷惑了。第四，使用反间计。人都是有感情的，若我们能晓之以理，动之以情，甚至顺势弄个“美男”计，对“美人”进行收买和感化，让美人反过来为我们效力。这也会给对方重重一击。

在现实生活中，我们不可以否认一个事实：现代社会不仅是个靠实力说话的社会，也是一个靠脸吃饭的社会。辛勤劳动固然是成功的重要条件，但较好的外貌无疑也会给事业加分。美国《大西洋》月刊曾经发表的一篇文章指出：脸蛋越是俊美，身材越是高大的人士，平均薪水也会越高，升迁的机率也会越大。美国知名的人类经济学家汉姆提许花了20年时间持续追踪研究美貌对职场的影响，最终得出的结论是：以华尔街人士为例，相貌好的人中三分之一收入会比长相一般的人多4%，而相貌缺乏吸引力的人的平均薪水会比一般人少13%。这大概也是整容业在近几十年发展迅速的重要原因之一吧。

【第32计　空城计——“空”】

中国古代著名的山水诗人王维一生写过许多诗，流传下来的有400多首。他以“空山”或“空”字直接入诗的作品就有90多首，例如《鹿砦》中的“空山不见人，但闻人语响”，《山居秋暝》中的“空山新雨后，天气晚来秋”，《过感化寺》中的“夜坐空林寂，松风直似秋”，《青龙寺》中的“眼界今无染，心空安可迷”等。由此可见，在王维的眼中，“空”是山水最美的状态，“空”也是人世间悟到的最高境界。

根据现存的出土文献和传世文献，甲骨文中未见“空”字。“空”字形最早见于金文，如《十一年库啬夫鼎·殷周金文集成2608》中的“空”，作，从穴工声。《古玺汇编3978》中的“空”作“”，《睡虎地秦墓竹简·日书乙种99》中的“空”作“”，与我们今天所见的楷体“空”已经十分相似了，西汉《马王堆汉墓帛书·老子乙本卷前古佚书》中的“空”与睡虎地秦简中的“空”写法基本相

王维像
引自《唐诗三百首（图文版）》第15页 纪江红
京华出版社 2004年1月

同，作。东汉《石门颂》中的“空”作，小篆“空”承袭了金文、竹简中写法，作。从“空”在不同时代不同书写材料中的字形来看，空的写法比较固定，都是由义符“穴”与声符“工”两个部件构成，尚未发现有异体字形。但在楚简中，有假借“工”字来表示“空”的情况，如《上海博物馆藏战国楚竹书二·容成氏》简18中有载：“田无（蔡），尾（宅）不工（空）。”

《说文解字·穴部》释“空”为：“窍也。从穴工声。”段玉裁注：“窍也，今俗语所谓孔也。”《说文解字·穴部》：“窍，空也。”这两字互训，意义相同。如《史记·五帝本纪》：“舜穿井为匿空旁出。”司马贞索隐中说：“空，音孔。”又《汉书·张骞传》：“然骞凿空。”颜师古注：“空，孔也。”再看“窍”字，《礼记·礼运》：“天秉阳，垂日星，地秉阴，窍于山川。”孔颖达疏：“为孔于山川，以出纳其气也。”又《汉书·律历志上》：“……取竹之解谷生，其窍厚均者，断两节间而吹之。”颜师古注引应劭曰：“窍，孔也。”《广韵·啸韵》中有：“窍，穴也。”由此可知，“空”与“窍”的本义都应该为“孔、穴”。如《庄子·秋水》：“计四海之在天地之间也，不似垒空之在大泽乎？”《周礼·考工记·函人》：“夫察革之道，视其钻空，欲其窓也。”《汉书·鲍宣传》：“今贫民菜食不厌，衣又穿空。”这几个例子中的“空”都用为本义，表示“孔”之义。当“空”表示这些意义时都读为上声kǒng。

在本义的基础上，“空”又分化为表示空虚、空间、穷尽等意义。如《后汉书·陈蕃传》“田野空，朝廷空，仓库空”中“空”为“空虚”之义。宋代范仲淹《岳阳楼记》中有“阴风怒号，浊浪排空，日星隐耀，山岳潜形”中的“空”为天空、空间之义。《诗经·小雅·大东》“大东小东，杼柚其空”的“空”为穷尽之义。当“空”表示这些意义时读为阴平声kōng。

此外，空在本义的基础上还引申用来表示“空子”“间隙”等相关意义。如《三国志·吴志·周鲂传》“虽外名降首，而故在山草，看伺空隙，欲复为乱”中的“空”为“空子”之义。《史记·陈杞世家》“惠公立，探续哀公卒时年而为元，空籍五岁矣”中“空”为“间隙”之义。当“空”表示这些相关意义时读为去声kòng。

“空城计”是三十六计中惊险而又精彩的一计。“空城计”讲求的是虚中有实，实中有虚，是一种心理战。说的是在我方无力守城的情况下，故意向敌人暴露我方城内的空虚。这需要勇气和平静的心态。

此计见于《三国演义》第九十五回《马谡拒谏失街亭　武侯弹琴退仲达》，其中诸葛亮施的空城计历来为人们津津乐道。三国时期，诸葛亮失掉战略要地街亭，司马懿欲趁火打劫率大军十五万进攻诸葛亮所在的西城。当时，诸葛亮身边没有大将，只剩二千五百名士兵在城里。众兵一听到司马懿前来的消息顿时惊慌失色。诸葛亮沉思良久，登城楼观望后对大家说：“不要惊慌，听我的号令，我用计策便可让司马懿退兵。”于是，诸葛亮传令将所有的旌旗都藏起来，士兵原地不动，如果有私自外出及大声喧哗者格杀勿论。然后让士兵把四个城门打开，每个城门上派20名士兵装扮成百姓模样洒水扫街。他自己则披上鹤氅，羽扇纶巾，领着两个小书童，带上一张琴，到城前凭

诸葛亮施"空城计",退司马懿之兵
引自《三十六计(图文本)》第234页 赵机 著
宗教文化出版社 2002年1月

栏坐下,燃起香,慢慢弹起琴来。司马懿的先遣部队到达城下,见了这气势都不敢轻易进城,急忙向司马懿汇报情况。司马懿听后不相信,便自己飞马前去看个究竟。离城不远,他果然看到诸葛亮正怡然自得地焚香弹琴,而城门里外的人都在低头洒扫,旁若无人。司马懿看后疑惑不已,便要撤退。他的二子司马昭猜测是诸葛亮身边无士兵,所以才故意装出这个样子来,不同意退兵。司马懿分析说:"诸葛亮一生谨慎,不曾冒险。现在这种情形,里面肯定有埋伏,我军如果进去,正好中了他们的计,所以还是撤退为好。"于是,司马懿的各路兵马都撤退回去了。诸葛亮大胆地用空城计冒死救了大家的命,保存了军队的实力,正所谓置之死地而后生。

在商业舞台上,无数的经纪人、代理商,以及被人非议的皮包公司,都是

“空城计”的延伸运用。这些个人或单位往往没有真实的资金或注册资金，实际上只是个空壳。他们只负责将第三方的产品推销或转手卖给别人，从中获利，对于真正的交易双方只是起到一个“牵线搭桥”的作用，并不用承担任何责任。因此，对于他们来说，利用“空城计”就可以获得无成本的收益。

面对“空城计”我们可以采取以下措施加以防范：首先，要善于观察和全面分析。既要从时间上进行纵向分析，又要从空间上进行横向分析，判断出对方的实力。然后再根据我们的实力决定是否进“城”。其次，要耐心等候，静观对方的变化，在相持不下的状态下，不论这城是“空”还是“实”，终将会真相大白。其三，我们可以采用“调虎离山”之计将对方与其据守之城分离开来，从而使对方完全暴露于光天化日之下，不攻自破。

在现实生活中，我们不仅要提醒自己不要进入一座“空城”，也不能让自己成为一个“空壳”。作为一个人，只徒有其外表，却外强中干，只会纸上谈兵，开一些空头支票，这与行尸走肉没有什么差别。因此，我们要踏踏实实地修学储能，丰富内心世界，做一个实实在在的人。不然的话，那些靠近你的人就会识破你的“空城计”，最后都速速离开。

〖第33计　反间计——“间”〗

间谍是一种非常神秘的职业，它不仅需要高智商，还需要有灵活的行动力，讲究的是过硬的综合能力。他们主要从事窃取、刺探、传送机密情报或进行破坏活动。在中国，《左传》中就曾有关于夏朝利用间谍战胜敌军的记载，说明至少在夏朝，中国就已经出现了间谍。直到今天，间谍在各国政治、经济、军事等领域的竞争中还普遍存在，并发挥巨大的作用。比如美国的中央情报局、俄罗斯的联邦安全局、英国的军情六处、以色列的摩萨德都是闻名世界的间谍机构。

“间谍”中的“间”字，繁体字形作“間”。“間”的本字应作“閒”，“間”是“閒”的后起字。根据现存的文献材料，甲骨文中未见“閒”字。“閒”的古文字字形异体繁多，西周晚期金文“閒”作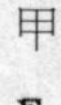（《㝬钟 · 殷周金文集成260》），从门从月，会月光从门缝照进来之意，足见古人造字取象之妙。战国晚期《七年

邦司寇矛·殷周金文集成11545》中的“閒”将部件“月”从门外移至门内，作。《睡虎地秦墓竹简·日书乙种253》中的“閒”也是从门从月，并且部件“月”在门内，作。西汉《马王堆汉墓帛书·战国纵横家书》中的“閒”也是如此，作，小篆字形“閒”作。在实际书写和运用中，有的字形将部件“月”讹作“目”，如《殷周金文集成11361·四年樛斿戈》中的“閒”作。还有的字形在部件“月”的基础上加上“刂”，变成“刖”，如《殷周金文集成9710·曾姬无恤壶》中的“閒”作。后来，有的字形又将部件“刖”，讹作“外”，如《古玺汇编3215》中“閒”作。《上海博物馆藏战国楚竹书》中的“閒”作、之形，《说文解字》中所说的“閒”之古文“閖”“閒”皆由此而来。由于“月”与“夕”的古文字字形相似，所以有的字形又将部件“月”讹作“夕”，如《古玺汇编》中的、、皆是如此。

《说文解字·门部》释“间”为“隙也，从门从月”。徐锴曰：“夫门夜闭，闭而见月光，是有间隙也。”段玉裁《说文解字注》中也说：“门开而月入，门有缝而月光可入，皆其意也。”此外，他还说：“间也，门开则中为际，凡罅缝皆曰

庄子像

引自《图解庄子》封面 南海出版公司 庄子 原著 紫图 编绘 2007年5月

间。”再结合以上我们对“间”的古文字字形分析，可知“间”的本义应该为“门缝、缝隙”。如《庄子·养生主》中有：“彼节者有间，而刀刃者无厚。”《晏子春秋·内篇杂上》：“晏子为齐相，出，其御之妻从门间而窥，其夫为相御，拥大盖，策驷马，意气扬扬，甚自得也。”《孟子·离娄下》：“其间不能以寸。”几个例子中的“间”都用为本义。

后来，“间”又从“缝隙”引申为“间隔”“阻阂”等义。如《穆天子传》卷三中的“道里悠远，山川间之”，《汉书·韦玄成传》中的“上陈太祖，间岁而祫，其道应天，故福禄永终”，其中的“间”都用为“间隔”之义。《左传·哀公二十七年》：“故君臣多间。”《后汉书·皇后纪上·明德马皇后》：“肃宗亦孝性淳笃，恩性天至，母子慈爱，始终无纤介之间。”这两处中的“间”用为“阻阂”之义。在此基础上，“间”又引申为“离间”之义，也就是我们现在所说的挑拨离间。如《逸周书·武纪》：“间其疏，薄其疑。”朱右曾校释：“间，谓设事以离间之。”又如《国语·晋语一》：“且失间父之爱而嘉其贶，有不忠焉。”韦昭注：“间，离也。”

“间”是个多音字，由本义引申出来表示“间隔”“阻阂”“离间”等意义的都读为去声“jiàn”，当读为阴平“jiān”时，一般用来表示空间、时间等义。如《易·序卦》：“盈天地之间者唯万物。”《诗经·齐风·还》：“子之还兮，遭我乎狃之间兮。”以上两例中的“间”都为“中间”之义。《左传·成公十六年》“以君之灵，间蒙甲胄”中的“间”表示时间“近来”之义。

“反间计”是三十六计中重要一计。其中的“间”是“间谍”之义，是从动词引申义“离间”引申出来的名词引申义。该计出自孙武《用间》篇：“反间者，因其敌间而用之。”意思是说巧妙地利用敌人的间谍反过来为我所用。唐代杜牧对反间计有比较明确的解释，他说：“敌有间来窥我，我必先知之，或厚赂诱之，反为我用；或佯为不觉，示以伪情而纵之，则敌人之间，反为我所用。”意思是说当发现敌人有间谍来刺探后，我方必须要事先知道，可以用金钱来诱惑他，也可以装作没发现，故意将假情报透露给他，这样敌人的间谍就能为我所用了。这就是“以其人之道，还治其人之身”。在战争中，双方使用间谍是十分常见的。

公元前204年，刘邦被项羽断绝了汉军的外援和粮草通道，内外交困，向陈平请教解决办法。陈平说，项羽是个疑心病很重的人，他所信赖的人不过范增、钟离昧等人。只要能够离间他们之间的君臣关系，引起内讧，就可以击败楚军。刘邦采取了陈平的建议，用重金收买了楚军中的将士，让他们散布谣言，说钟离昧、周殷等将领功绩显著却不能封王，他们将要与汉王联合。项羽听了谣言之后，果然对钟离昧和范增等人起了疑心，便派使者去楚军那里企图探察谣言的真伪。陈平听说项羽的使者来了，正中下怀，立刻指挥侍从提供十分丰富的食物。待一见楚使之后，他们又佯装惊讶，低声说：“原以为是亚父范增的使者，却是项王使者。”于是匆忙把上等的食物撤掉，换成劣等

陈平像

引自《三十六计谋略全书》第276页 卫生保 编著 中国城市出版社 2009年1月

的食物。楚使受此大辱，一一向项王禀报。这下项羽就更加怀疑范增了。范增不知道项羽对他不再信任，仍然对项王忠心耿耿，尽心尽力。可是当他发现项羽已经不听取他的建议并且还冷落他、怀疑他的忠心时，他非常气愤，提出了衣锦还乡的请求。项羽顺水推舟，居然还答应了他。没想到范增在归乡途中便生病去世了。范增的死，使项羽造成巨大损失，没多久项羽就被刘邦逼得四面楚歌，乌江自刎。陈平成功地施行了反间计，除掉了项羽的得力助手范增和钟离昧，为成就刘邦一统天下的伟业做出了巨大贡献。

在商业活动中，“反间计”是防止情报被泄露的重要一计。20世纪六七十年代，美国的IBM公司一直垄断着国际商用电子计算机市场。日本的日立公司企图要在该领域赶超美国，于是便派间谍盗取了IBM公司的一部分计算机绝密设计资料。后来为了获得完整的资料，又秘密联系IBM的老员工佩利并重金要求他帮忙。佩利意识到此事的严重性，就把日本的阴谋告诉了IBM公司。为了获得日立间谍的犯罪证据，佩利同意充当双重间谍。他一方面故意对日立声称，美方有两个退休领导干部能透露日方想得到的东西，一方面又向联邦调查局汇报日方的行动，而日方不知道这是诱捕之计，最后终于落入陷阱，受到了应有的惩罚。

现实生活中，为了防范“反间计”，我们可以采取如下对策：首先，封锁重要信息。这样即使我方的间谍被收买，他也无法向对方透露我方的重要情报。第二，所谓“用人不疑，疑人不用”，在选择我方间谍时要经过全面的严格审查，确定他不仅具备做间谍的基本能力，还要有坚定的意志，不会被轻易收买。第三，不轻信间谍所获悉的情报信息，情报要仔细推敲，反复验证。也可以在对方内部安插多个间谍，从不同侧面获取情报，这样便可以多角度地辨别情报的真伪。此外，我们还不能鼠目寸光，要尽可能地扩大自己的视野范围，加深对周围事物的剖析程度，这样才能在自保的基础上有所进取。

第34计　苦肉计——“苦”

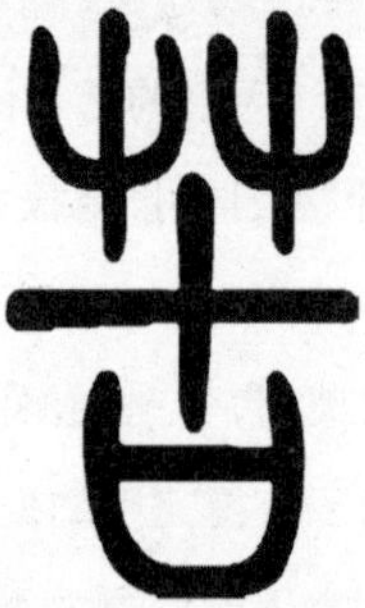

记得小时候自己很不喜欢吃苦的东西，大概是那时被父母强行灌药灌怕了，记忆中他们一人用手脚锁住闹腾的我，一人拿着被捏碎的药丸或一小瓶盖的药水，连哄带骗，直到药都进到我嘴里才罢休。所以，只要这架势一摆，无论是甜的药还是苦的药在我嘴里都是苦的了。长大以后，也不知从何时起，竟然渐渐爱上了吃苦味的东西，比如涩涩的苦咖啡、清爽的苦瓜，还有浓浓的黑巧克力。其实也不是因为它们有多好吃，只是因为长时间不在父母身边，想念小时候被他们照顾的感觉了，即使是苦味，尝起来味道竟还是美美的。

俗语说：“吃得苦中苦，方为人上人。”那么，“苦”到底是什么呢？

首先，我们来看看“苦”这个字形。有的学者认为该字甲骨文中就已经有了。比如叶玉森认为，从象舌，象其系，象其纹。、是省略部件的字形，这两个字形疑为古象形“舌”字。由此得出，、象舌出口，为“苦”字。味苦则吐舌出口。造字原理与“甘”同，(甘) 象含一物于口以表味甘。古人由辨味始造甘、苦字。

纳西学专家方国瑜首先提出“古”字是“苦”的初文的观点。他认为，“甘”字甲骨文作，表示物在口内，因味美而含于口中，其意为“甘”。而“苦”与“甘”相反，《释名》《释言》中说：“苦即大咸。”郝懿行《尔雅义疏》中说：“苦者对甘者而言。”由此可知，苦与味美含于口中相反，应为从口中吐出食物，故造字为。此外，他还用纳西东巴文中的象形文字与甲骨文来作比较以证明这个观点。他认为，东巴文中的“甘”作，从口，象有物含于口中，表示味道甜美之义；东巴文中的“苦”作“”，从口，象有物吐出口外，表示味道苦。甲骨文中的口作“”，为口的正面之形，而东巴文中口作，为口的侧面之形。东巴文中的甘、苦二字与甲骨文的造字原理相同。所以，甲骨文中的字形表苦义，“古”为“苦”的初文。郭沫若也撰文认为，“古”字是苦之初文，字本作，象吐舌之形，味苦则吐舌也。

为了更明确“苦”的本义，自秦以后，我们看到的“苦”字都在“古”上增添了部件“艸”。如《珍秦斋藏印 · 秦印篇127》中的“苦”作，《秦印文字汇编》中的“苦”作，西汉《马王堆汉墓帛书 · 战国纵横家书》中的“苦”作，小篆“苦”作。北魏以后，“苦”字出现了许多异体字形，有的实物文字“苦”之“艸”旁多讹而类化为“业”，也有的割裂或移位“古”旁。如北朝《凉王大且渠安周造像记》中的苦作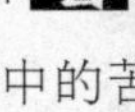，北魏《元瞻墓志》中的“苦”作，北魏《丘穆陵亮妻尉迟氏造像记》中的苦作，隋代《元锺墓志》中的“苦”作，隋代《尔朱敞墓志》中的“苦”作，唐代《张弘秀墓志》中的“苦”作。

古文献中的假借情况很常见，用来表示“苦”的假借字也有一些。如在战国古玺中有假借“枯”字来表示“苦”的例子。《古玺汇编4049》中的“枯成臣”、《古玺汇编4050》中的“枯成戌”等为私玺，当“枯”作为姓氏字时，在文献中都作“苦”。此外，战国楚简中还假借“姑”字来表示“苦”。如《上海博物馆藏战国楚竹书五·姑成家父》简9中有：“姑（苦）成豙（家）父尃（捕）长鱼翯……”

下面，我们再来分析一下“苦”的字义。《说文解字·艸部》：“苦，大苦，苓也。”《诗经·唐风·采苓》：“采苦采苦，首阳之下。”《毛传》释为：“苦，苦菜也。”《礼记·内则》中有：“濡豚，包苦实蓼。”郑玄注：“苦，苦荼也。”《穆天子传》卷二：“天子于是休猎，于是食苦。”郭璞注：“苦，草名，可食。”由此可见，“苦”的本义为一种苦菜。它的味道甚苦，所以引申出味苦之义，成为五味之

《诗经·唐风·采苓》图
引自《诗经三百首鉴赏大全集》第153页 沐言非 编著 中国华侨出版社 2012年6月

一。后来，该字又引申为痛苦、劳苦、贫苦等义。如《三国志平话》卷上“军受带甲之劳民遭涂炭之苦”中的“苦”是痛苦之义，《史记·卫康叔世家》“身自劳，与百姓同苦”中的“苦”表示劳苦之义，《世说新语·贤媛》“王经少贫苦，仕至二千石”中的“苦”为贫苦之义。

苦的滋味不好受，因此一般正常人都不会选择自讨苦吃。但有时在迫不得已的时候，先吃点苦头，才能尝到甜头。三十六计中的“苦肉计”就是典型的自讨苦吃之计，如果运用得恰到好处，便能尝到苦尽甘来的滋味。

苦肉计，最早见于《吴越春秋》卷二的《合卢内传第四》，讲述的是要离施苦肉计杀庆忌的故事。周瑜打黄盖——一个愿打，一个愿挨。这是家喻户晓的故事，也是典型的苦肉计例子。《三国演义》第四十六回：“孔明曰：不用苦肉计，何能瞒曹操？”赤壁之战前一天，曹操错斩了魏军将领蔡瑁。蔡瑁的堂弟蔡中与蔡和假意憎恨曹操而向吴国诈降。第二天，在吴军的作战会议上，黄盖提出投降之策致使周瑜勃然大怒，喝令将黄盖斩首示众。众文武苦

周瑜像

引自《孙子兵法与三十六计智谋鉴赏》第297页 司马哲 岳师伦 编著 中国言实出版社 2006年1月

苦为黄盖讨饶，最终挨了五十脊杖，黄盖被打得皮开肉绽，鲜血迸流，一连晕死过去多次。周瑜和黄盖导演的双簧苦肉计几乎瞒过了所有的官员。几天之后，黄盖派密友阚泽去曹营代献诈降书。曹操对此将信将疑。直至蔡中、蔡和两人也遣人送密信证实了黄盖受刑的消息，这才消除了曹操的顾虑。之后，阚泽又给曹操送去了一封信，说："黄盖将带着船头插青龙旗的粮船过江投降。"到了决战时刻，黄盖却带着装满干柴的战船靠近曹营，一把火烧了曹军八十三万。这就是苦肉计换来的成果。

"苦肉计"在阿拉伯语中称为"卡西尔割鼻"，是一个成语，意思是不应该相信一个人的伤残。这个成语的典故是：公元3世纪，有一个国王被反叛者篡了位。他的女儿阿兹匝巴逃到拜占庭，意图夺回她父亲丧失的国家并最终成为女王。为了能使两个国家合二为一，女王向篡位者提出要和他结婚，篡位者没有听手下大臣卡西尔的劝告，执意去了女王王宫，最终送了性命。卡西尔为了复仇，割掉自己的鼻子和耳朵，并拜访女王说这是篡位者所作所为。如此便骗取了女王的信任。自此以后，他在女王城里进进出出，了解情况并制定了复仇计划。终于有一天，他带了一队携带武器的人马进了城，包围王宫并且杀死了女王。

在实施苦肉计的时候自己首先必须付出代价，或者是身体受到痛苦，或者是精神上受到折磨，或者兼而有之，往往为此做出的牺牲还是相当大的。如果成功，那么所有的代价都是值得的，但一旦失败，那么一切就功亏一篑，自食其果。古人言："身体发肤，受之父母，不敢毁伤，孝之始也。"因此，苦肉计这样的险计，应该三思而后行，并尽可能避免使用。因为我们相信，人非草木，孰能无情？只要我们肯用心，即使不使用苦肉计，就是草木也会被你拨动心弦。

可是，生活本来就是苦乐参半的，吃得苦中苦，方能乐在其中。《孟子·告子下》曰:“故天将降大任于斯人也,必先苦其心志,劳其筋骨,饿其体肤,空乏其身,行拂乱其所为,所以动心忍性,曾益其所不能。”苦的滋味不好受,有些苦,是自己甘愿承担的,而有些苦是被迫承受的。但在胜利之前,很难避开苦,就像一首流行歌曲唱的那样:“不经历风雨,怎么见彩虹。”

【第35计　连环计——“环”】

刚来上海的时候，有一次打车去朋友家玩，司机竟然也不知道该怎么走，我只能打电话向朋友求助，她说：“到了××路后上中环……然后再上内环……”我这个路盲当时听得云里雾里，越听越糊涂，什么中环、内环，那是路名吗？还是什么标志性建筑？被绕晕的我根本传达不清楚朋友提供的路线，最后只能把电话直接给司机，让他来按照指示走。

我想如果当时身边有一份上海市地图估计就会好一些了。因为摊开上海地图，我们就可以清楚地看到，原来上海市由内到外被三条高架路围绕着，最里面的区域是内环，外面一圈是中环，再往外一圈是外环，最外面的就是郊环线，上海就是按照这几条高架道路把中心和外围划分开来。

可是，为什么叫内环、中环、外环，而不叫其他的诸如内圈、中圈、外圈或者内围、中围、外围呢？我们先从“环”字的字义出发来找找答案。

白玉环

引自《天津市文物公司收藏的新石器时代晚期环形玉器》袁伟《收藏家》2008年第5期

环,《说文解字·玉部》:"璧也。肉好若一谓之环。从玉瞏声。"《尔雅·释器》中说:"肉倍好谓之璧,好倍肉谓之瑗,肉好若一谓之环。"《尔雅注疏》中说"肉"指的是"边","好"指的是"孔",因此,"肉好若一谓之环"就是"边的宽度和孔的半径相等的璧叫做环"的意思。环在古代不仅可以用来作装饰品,还可以用作符信。如《左传·昭公十六年》:"宣子有环,其一在郑商。"杜预注:"玉环,同工共朴(璞),自共为双。"再如《荀子·大略》中有:"绝人以玦,反绝以环。"杨倞注:"古者,臣有罪,待放于境,三年不敢去,与之环则还,与之玦则绝,皆所以见意也。"

由于"环"为圆形,后来又引申为环绕、包围、周围等义。如《史记·刺客列传》"秦王方环柱走,卒惶急,不知所为"中"环"为环绕之义,《孟子·公孙丑下》"三里之城,七里之郭,环而攻之而不胜"中的"环"是包围的意思,《管子·轻重丁》"江淮之间,有一茅而三脊,母(毋)至其本,名之曰青茅,请使天子之吏环封而守之"中的"环"是周围之义。

在理解了环的本义和引申义后,我在感叹上海城市规划很合理的同时,也不禁感叹为这几条高架线路取名为内环、中环、外环的人的智慧。这"环"字用得不仅形象贴切、简单明了,而且"环"字本义与玉相关,似乎又多了几分高大上的感觉。

下面，我们再来看看“环”字从古至今的形体变化。环的繁体字形作“環”。关于“环”字有没有甲骨文字形这个问题，至今没有一个确切的定论。商承祚认为、、为环字的初文，并非罗振玉认为的“宫字之省”。他的理由是，字在金文中经常出现，如《伯俗父鼎》中有：“锡赤市。”《豆闭毁》中有：“锡女戠衣市䜌旗。”《望毁》中有：“锡女赤市。”《利鼎》中有：“锡女赤市䜌旗用事。”通过观察字形，联系文义，他推断应为环字。环为圆形，而卜辞中刻为方形，是因为书写工具不便造成的。此外，马叙伦也认为是环的本字。璧的初文为○，那么就是二璧相贯之义，就是指环。后来字被废，借环表示。以上两位学者的推断有一定的道理，但是理由还不够充分，仍需要更多的甲骨文材料才能得以印证。

金文“環”的字形比较多样，如“環”在《毛公鼎》中写作（《殷周金文集成2841》），还有的字形省略了形旁“玉”，保留右边的形体，直接写成(睘)（《番生簋》）；有的将右边写成“袁”，如《师遽方彝》中有(瑗)（《殷周金文集成9897》），瑗为“環”的异体字。

在竹简和帛书中，“環”字基本都写作“環”，如“環”在《包山楚简 · 卜筮祭祷记录213》中作，在《睡虎地秦墓竹简 · 日书甲种77背》中作，在《睡虎地秦墓竹简 · 法律答问102》中作，在《居延简甲 一八八 · 三二》中作。有的字形为了突出“玉”旁，还在“玉”的基础上加了一点，如“環”在《江陵楚简》中作。帛书中的“環”与秦简、楚简中的“環”比较相似，如《马王堆汉墓帛书 · 老子甲本》中的“環”作，《马王堆汉墓帛书 · 战国纵横家书》中的“環”作。

金文、竹简和帛书中的“環”有的省略了该字的形符，有的省略了该字的声符的一部分，而小篆字形“環”比较完整地保留了它的义符（玉）和声符

(睘)，写作。后来，为了书写便利，将“環”的声符(睘)用部件“不”来替代，就成了我们今天看到的“环”。

战国时期著名的哲学家庄子对“环”这个字有比较深刻的认识。他认为，整个宇宙就是一个大环。他在《庄子·寓言》中说：“万物皆种也，以不同形相禅，始卒若环，莫得其伦，是谓天均。”意思是说，世间万物都有一个共同的起源，以不同的形态相互替代，开始和结束就像在循环往返，没有谁能掌握其间的规律，所以叫做自然的平衡。这就是他著名的“环中”理论。此外，他还在《内篇·齐物论》中说“得其环中，以应无穷”，在《杂篇·则阳》中说“得其环中以随成”，以进一步说明“环中”的重要性。万物相生相害，循环不已，立于环上，就要参与环的无限运动，受彼此的束缚而没有自由。而如果站在“环中”，就好比抓住了环的枢纽，因为无论环怎样转动，它的中心是不动的。这样就可以让自己独居于循环不已的矛盾纷争的中央，置身于纷扰的世界之外。

但是，理想是丰满的，现实是残酷的，“环中”又岂是这么容易就能站得住的，万一没抓牢，一不小心就会在纷乱之中中了他人的连环之计。“连环计”是展现超强大脑的一计，它指对同一敌人使用两个以上的多计并用的计谋。这些计谋计计相连，环环相扣，滴水不漏。

“连环计”计名出自《三国演义》的第八回标题“王司徒巧使连环计”，又见于第四十七回标题“庞统巧授连环计”。《兵法圆机·迭》中说：“大凡用计者，非一计之可孤行……百计迭出，算无遗策，虽智将强敌，可立制也。”对于有经验的老手来说，只用一计，往往很容易被对方识破，而计计连环，作用就会大很多。东汉末年的权臣董卓就是在明争暗斗的漩涡里，不能辨别厉害，而被王允的连环计除掉的。故事大概是说：司徒王允有一义女，名叫貂蝉，貌美如花。王允首先使用了美人计，在将貂蝉许配给吕布的同时，又在暗地里

《三国演义》年画——连环计
引自《三十六计经典故事》第325页 纪江红 编 北京出版社 2005年7月

假意把貂蝉送给董卓。后来又利用离间之计挑拨董卓和吕布之间的关系，见离间之计成功，再利用吕布“瞒天过海”，假传圣旨，诱使董卓进入自己的圈套，最终一举除掉了董卓。

在《三国演义》中，诸葛亮也曾使用连环计击退了曹操的军队，巧妙取得汉中。在这场斗争中，面对曹操来势汹汹的强大兵力，诸葛亮气定神闲，冷静应战，连续用了以逸待劳、瞒天过海、抛砖引玉、釜底抽薪、打草惊蛇等五种以上的计谋。蜀军以退为进，避开曹军锐气，使曹兵不战自乱，让本是疑心重重的曹操整日东奔西逃，疲于奔命，而蜀军则以逸待劳，神出鬼没，愈战愈勇。最终使心力交瘁的曹操被迫放弃了阳平关和斜谷界口，将整个汉中让给了刘备。

在我们的为人处世过程中，有时候也会运用连环计来达到更好的交际效果。比如在面对自己不愿意待见的人时，很多时候我们不能随心所欲，说走就走。遇到这种情况，我们就可以运用“笑里藏刀”之计先说一些使对方高兴的事，取悦对方，让对方缺乏心理准备，然后趁对方还沉浸在兴高采烈的状态下运用“无中生有”之计找一借口及时退出，“走为上”，这样既不会惹得对方不高兴，也让我们自己脱了身。

连环计胜算大，风险也大。计中的全部计策的调度，就像装配一只零件众多、配合精准的钟表。因此，对待每一个零件都不能马虎，每一个零件每一个步骤都要经过缜密的检测，这样才不至于因百密一疏而造成功亏一篑。

【第36计　走为上计——“走”】

人类从动物进化而来，从四肢着地到两脚直立，从爬到走，经历了千万个岁岁月月。走，是人类的重要标志之一，是生命的一种存在方式和呈现状态。走，是一种姿态，更是一种人生态度。侠客飞檐走壁，走得豪情壮志；美人莲步轻移，走得婀娜窈窕；雅士信步闲庭，走得悠然自得。

走，甲骨文作（《甲骨文合集17993》）、（《甲骨文合集17230》）、（《甲骨文合集27939》），也有笔画较为繁复的形体（《甲骨文合集17994》），象一个人奔走时摇曳着两只手臂的样子。

金文“走”的形体比较多样。有的在甲骨文形体的基础上加了一个“止”，如（《令鼎》）、（《大盂鼎》）、（《虎簋盖》）、（《走马休盘》）、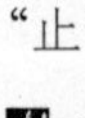（《食仲走父盨》）、（《曾侯乙戈》）、（《中山王䜌鼎》）。有的还在“夭”

大盂鼎及其铭文

引自《中国青铜器图录》第73页 李建伟 牛端红 编著 中国商业出版社 2000年5月

和“止”的部件上又增部件“彳”，使奔跑的意思更加明显，如（《荣作周公簋》）、（《走簋》）、（《走马薛仲赤簠》）、（《鲁司徒仲齐盨》）。有的形体省去了“止”，只保留了“彳”和“夭”，如（《自作其走钟》）。

在竹简中，“走”字形都比较简单，基本上是由“夭”和“止”两个部件构成，如《包山楚简·文书122》中的“走”作，《上海博物馆藏战国楚竹书三·周易54》中的“走”作，《睡虎地秦墓竹简·日书甲种13背》中“走”作，《张家山汉简·奏谳书214》中“走”作，《张家山汉简·奏谳书223》中“走”作。

小篆“走”基本继承了金文、竹简中“走”的形体，写作。《说文解字·走部》：“走，趋也。从夭、止。夭止者，屈也。凡走之属皆从走。”《说文》中释“趋”为“走也”。走与趋二字互训，是一对同义词。《释名·释姿容》：“徐行曰步，疾行曰趋，疾趋曰走。”由此可见，走的本义是疾趋，即奔跑，不同于现代汉语中指的通常速度的走路。如成语“走马观花”中的“走”仍保留了“走”的本义，所以这个成语的意思实际上是指骑在奔跑的马上看花，由于马跑的速度比较快，骑马人当然只能粗略地观看了。再如《孟子·梁惠王上》

中说到两方交战，一方失败，“弃甲曳兵而走”，这里的“走”也是跑的意思。到了危急关头，败兵们自然是扔掉盔甲，拖着兵器慌慌张张地逃跑，绝不会是从容不迫地行走。又如《吕氏春秋·期贤》“若蝉之走明火也”，《韩非子·五蠹》“兔走触株，折颈而死”，《山海经·海外北经》“夸父与日逐走”等几个例子中的“走”都是跑的意思。因此，古代汉语中的“走狗”不同于现代汉语中的骂人的走狗，它的意思是指奔跑迅速的狗，一般都是好的猎狗。《史记·越王勾践世家》中记载，越国大夫范蠡在勾践灭吴后逃到齐国，并从齐国写信给越国的另一功臣文种，劝他也逃跑，因为范蠡意识到越王勾践是一个只愿共患难而不愿同享乐的人。信中他引用了一句谣谚“飞鸟尽，良弓藏；狡兔死，走狗烹”，意思是说，飞鸟射完了，弓箭就会被藏起来；兔子打死了，猎狗也会被主人烧熟吃掉的。我们知道，野兔的奔跑速度很快，遇到危险时速度会更快，此时只有善于奔跑的猎狗才能追上它并咬住它。所以，“走狗”的本义是指善于奔跑的猎狗，并非指我们现在所说的贬义之词。

走，是一种大智慧。三十六计，走为上，以退为进，正所谓“退一步海阔天空”。“走为上计”作为三十六中的最后一计，出自《南齐书·王敬则传》：“檀公三十六计，走为上计。”所谓上计，并不是说“走”在三十六计中是上计，而是指在敌我力量悬殊的不利形势下，我们一般有几种选择：一、求和；二、投降；三、硬拼；四、撤退。在这四种选择中，前三者不是彻底失败就是一半失败，只有撤退不是失败，选择暂时地避开强敌，保存实力，寻找战机，仍然可以卷土重来。这是最好的选择，因此说，“走”为上。这里的“走为上”与我们平时生活中理解的逃跑和逃避是不一样的，因为在选择走之前，走的人就已经想好了在什么情况下走，什么时候走，怎么走，走之后该怎么办。

在古代的很多战争中，“走为上”之计早已被运用得相当精彩。如春秋时期的楚庄王为了扩张势力，发兵攻打庸国。庸国奋力反抗，楚国一时难以推

走为上计
引自《名家注评孙子兵法与三十六计　下》第813页　邹德金　天津古籍出版社　2008年9月

进。于是，楚将师叔便建议用佯装败退之计，使庸军产生骄横之心。开战不久，楚军假装招架不住，败下阵来，向后撤退，一连几次，楚军节节败退，庸军几战几胜，不由得骄傲起来，斗志渐渐松懈，也渐渐失去了戒备。就在此时，楚庄王率增援部队赶来，师叔觉得这正是发动总攻的大好时机，于是楚庄王下令兵分两路进攻庸国。庸国士兵正沉浸在胜利的骄傲之中，怎会料到楚军会突然杀回，只能被动地仓促应战，最终败下阵来。楚军七次佯装败退，就是为了以退为进，制造时机，达到一举歼敌的目的。

关于撤退，毛泽东曾在1936年12月于《中国革命战争的战略问题》一文中曾经精辟地谈到："战略退却，是劣势军队处在优势军队进攻之前，因为顾到不能迅速地击破其进攻，为了保存实力，待机破敌，而采取的一个有计划的战略步骤。"这是毛泽东研究古代战争经验得出的结论。正如德国著名作家约翰·沃尔夫冈·封·歌德在他的一节诗中写的："奇巧地回避，假意地逃离，这种消除人妒忌的武器，实是胜过长矛和钢铁利器。啊，不必为你的狡诈羞惭，脚步轻移动，行动机智，这些已让对手深感迷离。”

在日常生活中，“走为上”也不失为锦囊妙计。比如在男女恋爱过程中，它就是维持和增进感情的有效策略之一。一般来说，两个人在一起久了，多多少少会有矛盾，会有争吵，而人吵架时一般情绪激动，口无遮拦，说出来的话往往口是心非，容易伤人。最好的解决办法就是有一方能够退让，离开吐沫横飞的战场，走！因为当一切都恢复平静后，双方才有空间和时间各自冷静下来反思和琢磨。这时才会意识到有时候我们往往忽视了身边的幸福，没有珍惜自己所拥有的，因此才会觉得愧疚，才会体会到对方的好。所以，两个人在一起，在有矛盾的时候可以适当地选择“走为上”，给对方和自己一点空间，不要步步紧逼，因为审美也是需要距离的。

此外，当我们面对其他困难的事情或难以应付的人，暂时无法解决或面对时，我们也可以选择“走为上”。惹不起，我还躲不起吗？走，其实并非懦弱的表现，而是明智的选择。因为留得青山在，不怕没柴烧，没有必要为争一口气，不自量力硬拼血拼。善于保存实力，及时增强实力，在恰当的时候运用机遇找到新的出口，我们一定可以一路走得精彩。

图书在版编目（CIP）数据

汉字中的谋略之美/袁香琴著.—上海：文汇出版社,2017.12

（看懂中国字　读懂中国心 / 王元鹿主编）

ISBN 978-7-5496-2266-5

Ⅰ.①汉…　Ⅱ.①袁…　Ⅲ.①汉字—研究—　Ⅳ.①H12

中国版本图书馆CIP数据核字(2017)第188651号

丛书策划：张　衍
丛书主编：王元鹿
出 版 人：桂国强

汉字中的谋略之美

看懂中国字　读懂中国心

作　　者 / 袁香琴

责任编辑 / 乔　聿
特约编辑 / 徐祖友
封面装帧 / 王　翔

出版发行 / 文匯出版社
上海市威海路755号
（邮政编码200041）
经　　销 / 全国新华书店
排　　版 / 南京展望文化发展有限公司
印刷装订 / 苏州市越洋印刷有限公司
版　　次 / 2017年12月第1版
印　　次 / 2017年12月第1次印刷
开　　本 / 640×960　1/16
字　　数 / 130千
印　　张 / 12.5

ISBN 978-7-5496-2266-5
定　　价 / 38.00 元